国家自然科学基金重点资助项目（批准号：59838290）
上海市重点学科建设项目资助（沪教科2001－41）
**当代城市规划理论与实践丛书**
**陈秉钊　主编**

# 城市规划法的价值取向

张萍　著

中国建筑工业出版社

**图书在版编目（CIP）数据**

城市规划法的价值取向 / 张萍著. —北京：中国建筑工业出版社，2005
（当代城市规划理论与实践丛书）
ISBN 978-7-112-07782-3

Ⅰ. 城… Ⅱ. 张… Ⅲ. 城市规划法 - 研究 - 中国 Ⅳ. D922.297.4

中国版本图书馆 CIP 数据核字（2005）第 109329 号

责任编辑：陆新之
责任设计：刘向阳
责任校对：刘 梅 孙 爽

当代城市规划理论与实践丛书
陈秉钊 主编
**城市规划法的价值取向**
**张 萍 著**
*
中国建筑工业出版社出版、发行（北京西郊百万庄）
新 华 书 店 经 销
北京嘉泰利德公司制版
北京建筑工业印刷厂印刷
*
开本：787×1092 毫米 1/16 印张：12¼ 字数：250 千字
2006 年 1 月第一版 2007 年 3 月第二次印刷
印数：2501—3700 册 定价：**28.00** 元
ISBN 978-7-112-07782-3
（13736）

本社网址：http：//www.cabp.com.cn
网上书店：http：//www.china-building.com.cn

# 提　要

本书研究的主题是城市规划法的价值取向和价值准则问题，法学上的专业术语称为“法律价值”。理论上，公平和效率是规划法价值的基本内容。

法的价值是评价和调整互相冲突的各种利益的基础。本书对于规划法的价值研究不是囿于单纯的抽象思维和逻辑推理，而是力求从方法论上将价值分析和经验实证结合起来。即针对我国计划经济和市场经济的不同背景，在城市规划利益结构变化的法律调控中研究规划法价值的传统定位和当前的调适问题。

受计划经济的影响，直到1980年代末城市规划建设领域的利益结构仍旧相对单一，无论是个人需要，还是社会利益都统一在国家需要之下。与此相适应，规划法的价值取向是指向国家本位的。1990年代初期确立了市场经济改革目标之后，伴随土地有偿使用、住房商品化和城建投资体制改革措施的深度推进，新的资源配置方式为一些新的经济和社会力量提供了发展空间。市民、开发商和地方政府都参与到城市规划建设的利益分配过程中，并逐步形成各自独立的利益形态。面对当前城市规划建设领域多元利益之间相互冲突、相互竞争的利益关系，国家本位的法律价值基础已经受到根本冲击。在经济优先的原则下城市开发中效率价值得到弘扬，公平价值却被忽视了。

城市规划法在引导和促进开发效率的同时，更应该贯彻公平原则。在规划法的价值调适中，援助公平的措施有三个方向。一是规划法必须确立社会利益保障原则，要将抽象的社会利益落实到社区发展及环境改善上，法律上社区就成为社会利益确定的权利主体。二是鉴于市民和政府之间“委托人—代理人”的关系本质，为使政府（代理人）的规划行为尽量指向全体市民的需要和社会利益，规划法应明确界定市民参与规划全过程的权利及相应程序。三是规划法要约束限制开发商这一强势利益集团影响政府的规划决策。

# 总　序

1898年英国E·霍华德的《明日的田园城市》问世象征了现代城市规划理论的诞生。过去的一百年，世界在城镇化的重大发展时期里，城市规划理论得到了重大的发展。

由于城市规划毕竟是一门应用性的学科，要把城市规划的理论付之实践，要把理论落实到地上，必然需要得到工程技术学科的支持。霍华德亲自领导，于1903年在距伦敦市中心56km的赫特福德郡（Hertfordshire）购置了1545$hm^2$乡村土地，创建了第一座田园城市莱奇沃斯（Letchworth），并请建筑师R·昂温和B·帕克负责编制城镇规划方案。

也许是在城市规划的日常实践中，建筑师的工作是大量的，所以导致城市规划学科的技术层面，物质形态的部分内容逐渐占据了突出的地位。于是《明日的田园城市》中城市物质形态（Physical）的部分被一代又一代地强化，而作为城市规划理论更本质的部分，城市规划、建设、管理中的社会目标、经济分析、经营管理、社会团体的参与，等等，却逐渐被淡忘了。“把城市看成是一种扩大形式的建筑学，那就是建筑师设计单幢建筑，城市规划师设计建筑群。”（E·帕金森）①

然而在城市规划工作者中，毕竟有些人看到了在物质形态的背后更本源的东西，“我们同行们逐渐了解到，最根本的社会和经济的力量，它是形成我们环境的最重要因素，任何成功的城镇设计，必须以

---

① 英国皇家城市规划学会前主席

它们的社会和经济力量为出发点"（W·鲍尔）[①]，包括许多建筑师也看到了，"在当代条件下，建筑继续存在于城市之中，是城市的一部分，使城市生活的某些空间得以物质化。然而，今天更胜于过去者，就是我们意识到城市要多出于它的建筑物和建筑学。……所有这些，都不仅是完全跳出了建筑师日常职业实践的范围，而且，我们习以为常的分析手段和建造项目都无法对这些条件提供答案。"（I·S·莫拉莱勒）[②]

《当代城市规划理论与实践丛书》不是对霍华德开创的现代城市规划理论的否定，恰恰相反，而是对当前尤其是我国在向市场经济体制转轨过程中，城市规划、建设和管理遇到的许多问题的探索，对《明白的田园城市》所包含的许多被淡忘了的内容的追回。我们力图立足于城市规划，由此走出去，从史学、哲学、系统工程学等获得思想武器，从经济学、社会学、管理学、法学、地理学等科学中汲取养料，最后要走回来，解决城市规划当前所面临的问题。

城市规划主要是政府行为，随着我国加入 WTO 之后，政府职能将更进一步转变，本丛书将从技术层面转向政策层面，以政府的作为为主要内容。

城市规划学科是一个综合体，也是一个多面体，《当代城市规划理论与实践丛书》力求从更多视角来观察、分析城市和城市规划。它绝非否定以往的视点，而是一种补充。因为单纯的形态设计已经不能使我们到达霍华德田园城市理想的彼岸。丛书是献给城市规划的第三个春天。

**陈秉钊**

于 2002 年 1 月

---

① 英国利物浦城市规划处原处长．城市的发展过程．中国建筑工业出版社，1981

② 第十九届世界建筑师大会主题报告．现在与未来：城市中的建筑学．Ignasi de sola-Morales. 张钦楠译．建筑学报：1996（10）

# 序

我国在长期的计划经济体制下，城市规划建设领域的利益结构相对单一，无论是个人需要，还是社会利益都统一在国家需要之下。与此相适应，规划的价值取向主要是指向国家本位的。自从 1990 年代初期确立了市场经济改革目标之后，伴随土地有偿使用、住房商品化和城建投资体制改革措施的深度推进，新的资源配置方式为一些新的经济和社会力量提供了发展空间。市民、开发商和地方政府都参与到城市规划建设的利益分配过程中，并逐步形成各自独立的利益形态。面对当前城市规划建设领域多元利益之间相互冲突、相互竞争的利益关系，国家本位的法律价值基础已经受到根本冲击。在经济优先的原则下城市开发中效率价值得到弘扬，公平价值则可能被忽视。

城市规划的本质就是诸多矛盾的协调综合，维护全局、整体的利益。以往我们努力从城市规划的原理、城市规划的原则、城市规划工作者的职业道德教育、城市规划管理等方面去解决，但这些往往被大量技术性问题所淹没，包括原有的城市规划法也不例外。随着市场经济的发展，更加需要市场的规范化，也就更加需要发挥法律的保障作用，这首先就必须廓清法的价值取向，提高立法的质量。

本书作者致力于城市规划法的价值取向和价值准则问题的研究，法学上的专业术语称为“法律价值”。理论上，公平和效率是规划法价值的基本内容。

法的价值是评价和调整互相冲突的各种利益的基础。本书对于规划法的价值研究不是囿于单纯的抽象思维和逻辑推理，而是力求从方法论上将价值分析和经验实证结合起来。即针对我国计划经济和市场经济的不同背景，在城市规划利益结构变化的法律调控中研究规划法价值的传统定位和当前的调适问题。

作者认为城市规划法在引导和促进开发效率的同时，更应该贯彻公平原则。在规划法的价值调适中，援助公平的措施有三个方向。一是规划法必须确立社会利益保障原则，要将抽象的社会利益落实到社区发展及环境改善上，法律上社区就成为社会利益确定的权利主体。二是鉴于市民和政府之间“委托人—代理人”的关系本质，为使政府（代理人）的规划行为尽量指向全体市民的需要和社会利益，规划法应明确界定市民参与规划全过程的权利及相应程序。三是规划法要约束限制开发商这一强势利益集团影响政府的规划决策。

本书对完善规划立法工作，包括地方法规的制定，以及提高对规划法的理解，增强法的意识都是很有参考价值的。

**陈秉钊**

2005 年 8 月 18 日

# 目 录

# 1

# 绪　言

## 1.1 有关中国城市规划法研究的现状

有关我国城市规划法的研究是伴随着1980年代城市规划在城市开发建设中的作用加强，特别是1980年代末、1990年代初规划领域第一部法律——《中华人民共和国城市规划法》的颁布实施而逐步发展起来的。本节主要针对已有的研究，从它们研究的内容（即所研究的问题）和所运用的研究方法两个方面进行分析，以期对我国城市规划法研究的现状形成一个基本的认识。同时，这也有助于确立本研究在此领域的研究选题和研究定位。

### 1.1.1 城市规划法的外延

本书中的“城市规划法”不是仅仅指《中华人民共和国城市规划法》（以下简称为《城市规划法》）一部法律，而是一个外延非常宽泛的概念，是指国家制定颁布的城市规划行为规范的总和，主要包括法律、行政法规、部门规章、地方性法规和政府规章等法的形式①。这就好比通常所使用的行政法的概念，就包括行政诉讼法、行政复议

---

① 我国的主要立法形式，也称法的渊源。

法律：由全国人民代表大会及其常委会制定，由国家主席令公布。法律又分基本法律和一般法律，前者由全国人民代表大会制定，后者则由全国人民代表大会常务委员会制定。法律适用于全国，其法律效力低于宪法，但高于行政法规、地方性法规和规章。

行政法规：由国务院制定发布，一般称条例、规定、办法，其中也包括经国务院批准，由国务院各部、委发布的规定、办法和实施细则，其效力低于法律，在全国范围内具有普遍的约束力。

部门规章：由国务院各部、委制定发布。部门规章在全国范围内具有普遍约束力，但法律效力低于行政法规。部门规章一方面可以将法律、行政法规的规定具体化，以便贯彻执行；另一方面，作为对法律、法规的补充，为有关政府部门的行为提供依据。

地方性法规：由地方人民代表大会及其常务委员会制定。根据宪法和地方组织法的规定，省、自治区和直辖市的人民代表大会及其常务委员会，省、自治区政府所在地的市人民代表大会及其常务委员会，经国务院批准的较大的市的市人民代表大会及其常务委员会这三个层次有权制定。地方性法规的效力低于宪法、法律和行政法规，而且地方性法规只在本行政区域内具有法律效力。

政府规章：是省、自治区、直辖市政府，省、自治区人民政府所在地的政府以及经国务院批准的较大市的市政府制定。地方规章只在本行政区域内具有法律效力，其法律效力低于地方性法规。

法、国家赔偿法等一系列法，而不是单单指其中某一部法律；又比如，我们通常将商业法、价格法、经济合同法、公司法、保险法、银行法、破产法等一系列法统归到经济法这一大类中。简言之，尽管“城市规划法”还不像行政法或经济法那样是一个独立的法律部门①，但它所涵盖的无疑是一个具体的、完整的法律领域。

“法”其实是法学理论中最基础的一个范畴，通常指国家制订或认可、并由国家强制力保证其实施的行为规范的总和，包含了所有的法的形式（宪法、法律、行政法规、规章、判例等各种成文法和不成文法）。目前，城市规划学界关于规划行为规范的总和的表达，使用频率最高、最普遍的称谓是“法规体系”。这不仅在各类相关研究文章中常见，而且由建设部颁布的《中华人民共和国城市规划法》解说（以下简称为《解说》）就有“城市规划法规体系”的称谓。其具体的解释是，“以《城市规划法》为母法，以国务院颁布的行政法规，国家城市规划行政主管部门颁布的部门规章，以及地方制定颁布的地方性法规、地方规章和行政措施等作为子法所构成的一个完整的法规体系。”其中，“法规”是现时期中国法学著述、文献中和现代汉语中常用的名词。它通常有三种意义：一是指在法的形式中处于法律之下的某种法的形式，如行政法规、地方性法规、自治法规等；二是指行政法规、地方性法规以及自治法规的总称；三是指法律、行政法规、部门规章、地方性法规、自治条例和单行条例、地方规章以及其他规范性文件的总称。但是，“法规体系”这个概念在法学研究中却是一个不规范的专业术语。法学中带有“体系”的基础概念常用的有“法律体系”和“法系”，而这两个概念与“行为规范的总和”这一内涵具有本质的区别②。鉴于城市规划法是城市规划学和法学交叉研

---

① 按照法律所调整的社会关系的性质不同，中国的法律部门主要划分为宪法、刑法、行政法、刑事诉讼法、民法、经济法、婚姻法、民事诉讼法等。

② 按照《中国大百科全书》法学卷的解释，“法律体系”又称“法的体系”，指由一个国家的全部现行法律规范分类组合为不同的法律部门而形成的有机联系的统一整体。按照法律所调整的社会关系的性质不同，中国的法律体系分为宪法、刑法、行政法、刑事诉讼法、民法、经济法、婚姻法、民事诉讼法等法律部门。

“法系”和“法律体系”的含义不同。法律体系表明一个国家内部所有法律规范的有机联系。法系则是指根据各国法律的特点和历史传统的特征，通常将具有一定特点的一国的法律同有类似或仿效这一特点的其他国家的法律，划归为统一法系。如大陆法系和英美法系。

究的领域，在主要研究术语和概念使用上应该寻求一致的话语环境，否则就可能造成进一步研究中的疑义、异议和混乱，不利于学科间的理论交流与互补。

### 1.1.2 研究内容

法是某一特定的社会现象，它随着生产力发展、社会政治制度的变迁和经济关系的复杂化，而不断发展和完善。在我国，伴随着 1980 年代初的经济改革和对外开放，以及城市规划社会地位的提高和社会作用的极大增强，城市规划法制建设也在不断加强。迄今为止，已基本形成了以《中华人民共和国城市规划法》（1990 年）为核心的城市规划法制，为一定历史阶段我国城市规划依法行政以及规范城市规划建设活动提供了法律依据和法律保障。

总的来看，关于我国城市规划法的理论和实证研究方面，做得较多的是对西方国家和地区规划立法情况和立法内容的介绍、评述和引鉴，特别是 1990 年《城市规划法》颁布实施前后，通过一批留学生、学者和访问团体的努力，大量有关美国、英国、新加坡、日本、澳大利亚和加拿大的立法情况被陆续介绍过来。当前，随着《城市规划法》面临第一轮的修订工作以及地方开发建设的规划立法需要，关于国外立法的研究再度加强。在前一阶段资料介绍的基础上，本轮研究开始侧重于西方国家规划法的全方位比较，有的学者就其演进特征和态势作了更深入的分析（吴志强、唐子来，1998 年），还有学者就与规划立法密切相关的规划行政和规划职能进行了剖析（赵民，2000 年）。另一方面，针对我国近十几年城市大规模、快速开发建设中的具体问题及法律诉求，研究中国规划立法的具体问题，特别是地方规划立法问题的声音开始多起来（如深圳市、上海市）。当然，目前这些研究还主要集中在学术刊物和学术论文方面。本书拟从研究内容（即研究的问题）和研究方法两方面对已有主要文献进行分析，在此基础上获得关于中国城市规划法研究状况的基本把握，以期对本书研究有一个理论上和实践上的准确定位。

要了解有关我国城市规划法的研究内容和研究重点，就要首先搞清楚法学研究理论上的内容范畴是什么？“完整意义的法学研究包括三个方面的内容：第一，对法的必然性的研究，即揭示法产生、发展和未来走向的一般规律、条件、过程和途径；第二，对法的应然性研究，即主要研究法的价值，揭示出法的价值取向、价值目标，评判法的价值标准，为改革和完善法律制度提供指导原则和理想模式；第三，对法的实然性研究，法的实然性包括两个方面，一是法律规范的实然性（法律的静态），二是法律运行的实然性（法律的动态）。对前一方面的实然性的研究，即是分析法的要素、结构、层次、体系，对后一方面的实然性的研究，即是考察和检测法的实际运行、法的实际效力、实际作用和实际效果。这三个方面是法学研究中有机统一、不可缺少的内容。”① 关于法的必然性研究是面向整个法的一般发展规律，揭示在社会、道德、历史、文化、政治等等环境下法的本质及与它们之间的关系，这是整个法学理论研究的主要内容。关于法的价值研究既是法学理论研究的内容，同时从法律制度改革的动机出发，对具体法律领域的价值问题进行探讨也是法学理论研究的题中应有之义。而对于法律规范及其实际运行的考察往往涉及到具体的法律领域。因此，要分析我国城市规划法这一具体法律领域已有研究的研究问题分布，法的应然性研究和法的实然性研究就构成理论上的内容范畴。

分析城市规划法领域已有的研究内容，可以发现两个主要特点。首先，对规划法的价值取向等法理问题少有关注。其次，在对国家实际运行中的规划法进行研究时，更多的研究侧重于分析国家制定颁布的法律规范的结构、层次、体系及具体条文规范的问题，即属于一种静态的研究。而对于规划法的实际运行和实际效果，是否实现了立法的社会目的等方面，关注的研究也不多（具体分析见表 1 - 1）。因此，就研究的问题和方向而言，我国城市规划法研究的理论视角可以进一步向法的应然性和法的动态实然性研究进行探索，从而使规划法领域的研究成果得到不断扩展和丰富。

### 1.1.3 研究方法

方法的选择对于科学研究的重要性是毋庸置疑的。对于法学界，

① 张文显. 二十世纪西方法哲学思潮研究. 法律出版社，1996，109.

“在法哲学的进程中，许多具体的看法和观点由于社会革命和法律制度的变迁，或由于受到批判而消失，但研究问题的方法以及具有个性的思维方式却能保留下来。方法的生命胜过观点。”① 当然在城市规划学界，对于城市规划法的研究，方法问题同样也很关键。分析目前这一领域已有的相关研究文献，它们所采用的研究方法大致可以分为三类。从规划行政与规划法律规范的关系入手的，主要借助的是行政法学这一理论工具；侧重于剖析我国现有规划法的体系结构及具体法律规范的，大多应用的是分析法学的方法；强调对西方国家和地区规划法规的研究和引鉴的，应用的是比较法学的方法（具体分析见表 1－1）②。这些研究应用不同的方法和理论工具，从不同的角度都对规划法领域进行了有深度的探索，大大丰富了这一领域的研究成果。

**我国城市规划法相关论著的研究方法分析　　表 1－1**

| 内容<br>方法 | 法的价值与理想模式（应然性） | 法的现状与实际运行（实然性） | |
|---|---|---|---|
| | | 静　态 | 动　态 |
| 行政法学的方法 | | | 城市规划行政与法制建设的若干探讨（赵民） |
| | | | 规划管理体制改革的关建：审批程序的法制化（梁红、孙晖） |
| | | | 违法规划管理行政案件证据的收集和运用（华允庆） |
| | | | 再论强化规划行政执法中的责令停建设措施（化堂） |
| | | | 城市规划运行过程中的控权论和程主义（郑德高） |
| | | | 规划管理中的相邻权问题漫议（亢雁直） |

① 张文显．二十世纪西方法哲学思潮研究．法律出版社，1996．4．

② 行政法学主要研究政府及其行政行为和行政法规之间的关系；分析法学派认为，法学只应该研究“实际是这样的法”，即实在法，而不像自然法学家那样研究“应当是这样的法”，即理想法。因此分析法学一般着重分析各种成熟的法律规范的结构、特征、原则和概念，其中包括权利、义务、惩罚和赔偿等重要概念；比较法学则是一定的条件框架下，对各国的法律制度（包括立法、司法、执法等环节）进行比较研究，从中得出一些法律建设的经验和教训。

续表

<table>
<tr><th rowspan="2">内容<br>方法</th><th rowspan="2">法的价值与理想模式（应然性）</th><th colspan="2">法的现状与实际运行（实然性）</th></tr>
<tr><th>静 态</th><th>动 态</th></tr>
<tr><td rowspan="9">分析法学的方法</td><td></td><td></td><td>渐进的规划制度改革面临的出路——关于制定《城乡规划法》的讨论（张兵）</td></tr>
<tr><td colspan="2">从国家本位到公众本位——建构我国城市规划法规的思想基础（张萍）</td><td></td></tr>
<tr><td colspan="2">《城市规划法》修订的理论探讨（张松）</td><td></td></tr>
<tr><td></td><td>城市规划法修订中的几个问题（张萍、陈秉钊）</td><td></td></tr>
<tr><td></td><td>加强城市规划法规的程序性——对我国规划法规修订的思考（张萍）</td><td></td></tr>
<tr><td></td><td>市一级城市规划地方立法框架探索（沈陆澄）</td><td></td></tr>
<tr><td></td><td>深圳市法定图则面临的困难及对策初探（张留昆）</td><td></td></tr>
<tr><td></td><td>深圳市法定图则的探索与实践（孙页声）</td><td></td></tr>
<tr><td></td><td>深圳城市规划图则体系改革探索（林汗廷等）</td><td></td></tr>
<tr><td rowspan="11">比较法学的方法</td><td></td><td>发达国家与地区规划法规体系的比较研究（同济大学课题组）</td><td></td></tr>
<tr><td></td><td></td><td>论城市规划法系在市场经济条件下的演进（吴志强、唐子来）</td></tr>
<tr><td></td><td>城市规划核心法的国际比较研究（吴志强）</td><td></td></tr>
<tr><td></td><td>德国城市规划核心法的发展、框架与组织（吴唯佳）</td><td></td></tr>
<tr><td></td><td></td><td>英国城市规划核心法的历史演进过程（唐子来）</td></tr>
<tr><td></td><td>日本城市规划法现体系（谭纵波）</td><td></td></tr>
<tr><td></td><td>美国城市规划体系（孙施文）</td><td></td></tr>
<tr><td></td><td>美国城市规划法规体系（孙晖、梁红）</td><td></td></tr>
<tr><td></td><td>悉尼中心建设策略——《悉尼中心建设与规划管理图则》简介（陈宏军）</td><td></td></tr>
<tr><td></td><td>澳大利亚的城市规划体系（赵民）</td><td></td></tr>
<tr><td></td><td>新加坡的城市规划体系（唐子来）</td><td></td></tr>
</table>

除了以上三种方法之外，是否还能够应用其他的方法推进城市规划法的研究呢？众所周知，城市规划的主要任务就是在空间上安排配置城市各项资源，包括土地、水、海滨、新鲜的空气、绿地、公园、道路以及公共设施等等。资源配置和空间安排的背后是各种利益的诉求和搏弈。在当前我国快速城市化和大规模开发建设过程中，城市规划对这些相对稀缺的资源进行配置时，市民、开发商、地方政府和中央政府等主体的需求和愿望是各不相同、甚至有时是激烈冲突和相互竞争的。城市规划法所调整的就是他们之间的社会关系——从本质上看是他们之间利益分配关系。反过来，他们之间的关系和各自利益需求等社会因素，不仅影响着规划法的实施效果，而且也是制定和适用规划法时必须考虑的因素。因此，在充分考察社会因素的视角下规划法的研究将是一个全新的、有待探索的研究领域。

## 1.2 问题的提出——城市规划法的价值问题

### 1.2.1 法律价值的概念

法律价值，也称法的价值，是一个十分重要的法哲学（法理学）范畴。社会学法学的代表人物庞德（Roscoe Pound）[①] 认为："价值问题虽然是一个困难的问题，但它是法律科学所不能回避的"，"在法律史的各个经典时期，无论在古代还是近代世界里，对价值准则的论证、批判或合乎逻辑的适用，都曾是法学家们的主要活动。"他还指出，在每一个历史时期中，"人们都使各种价值准则适应当时的法学任务，并使它们符合一定的时间和地点的社会理想。"[②] 就当代中国法学来说，"法律价值"并不是中国自己法制土壤里孕育出来的法学概念，而是在20世纪80年代，伴随改革开放后知识界对于价值、正义等哲学范畴的引进、讨论和研究，法学界从有些西方法学作品中引入

① 庞德是美国法学家。曾任律师、内布拉斯加州最高法院上诉委员会委员、内布拉斯加大学法学院院长。1907年起先后在西北大学、芝加哥大学和哈佛大学执教。1916年起任哈佛大学法学院院长达20年之久。他的主要著作有《社会学法学的范围和目》（1911—1912年）、《法和道德》（1924年）、《通过法律的社会控制》（1942年）和《法理学》等。（中国大百科全书 法学卷，1984. 450）

② 庞德. 通过法律的社会控制——法律的任务. 商务印书馆，中译本（1984年）. 55

的一个概念。

对于法律价值这个概念，法学界并没有一个统一的、明确的定义，在不同历史时期，不同的法学流派都是从各自的角度对法的价值问题进行研究和论述。因此本书选择一些有代表性的用法作概略介绍，从中国法学和西方法学两个方面对这一概念进行综合考察，以界定城市规划法的价值范畴。

#### 1.2.1.1 西方法学界不同流派关于法律价值的理论

西方在历史上对法律价值这个概念的论述偶见于一些哲学家，像古希腊的哲学家柏拉图（Plato）、中世纪基督教哲学家托马斯·阿奎那（Thomas Aquinas）以及黑格尔（Georg Wilhelm Friedrich Hegel）等都曾使用过法律价值这一概念，他们通常所指的是法律应起的作用，法律应该具有的性质和存在的意义。发展到现代，法的价值逐渐成为西方法学一个主要问题被广为研究，许多学派、不同的法学家都专门论述了这个问题，如自然法学、社会学法学、综合法学、存在主义法学等。

自然法学是西方法学中的主要流派之一，被认为是典型的价值法学，即专门研究法律价值的法学流派。自然法学家认为，现实中实际运行的法（即实在法）表现为意志，是由国家权力制定出来的，但这并不意味着法律是纯粹主观的东西。他们认为，法律根源于人的理性，包含着更高层次的道德和价值判断。理性使人们能够认识自身发展的规律、法律的理想及应达到的目标，这种被认识的理想的行为准则就叫"自然法"。所以，所谓自然法并不是实际运行中的法律，而是法律的理想和追求的目标，是衡量"人定法"（实在法）好坏的标准。"实在法"必须以"自然法"为目标，不断地修正自己，这种努力就是所谓的价值追求。严存生认为，"自然法学所研究的主要问题可归纳为法律的根源或基础、法律的目的和意义，以及法律的评价标准这三个互相关联的问题。而这三个问题又都与法律的价值相关，或者说都可以归结为法律的价值问题。"[①]关于自然法学理论研究的本质内容，台湾学者马汉宝在《自

① 严存生. 法律的价值. 山西人民出版社，1991. 18

然法之现代的意义》一文中也指出，“依归纳之结果，各时代自然法学者共同之处，可说在于认为人类社会生活所适用之行为规则并不限于国家或政府制定之法律。国家所制定之行为规则之外，尚有性质更为普遍之行为规范，适用于一切人而非只适用于某一个人或某时间或某空间内之某一社会。此等人类行为规范并非由任何人所创制，而系根据有理性的人之基本需要而存在着；故人凭藉其理性即得察知之或认识之。此等规范形成一切个别行为规则之源泉，并构成批判一切人为规则之内容为善为恶、公平与否之标准。换言之，自然法学者可说无不承认有一种较高法或理想法之存在，以为实证法之终极根据；同时此等学者亦可说无不相信绝对的价值，无不追求绝对的正义。”①

如果说自然法学是以研究法律价值为主要内容，从法律应该是什么出发，即从推理法律的应然状态出发，那么社会学法学则是以事实为中心，着重研究法律的实际运行和社会效果。尽管如此，但社会学法学中的一些代表人物也很重视法律价值问题，如美国现代社会学法学的奠基人庞德（Roscoe Pound）在《通过法律的社会控制》一书中专章论述了法律价值问题，并认为这是法学所不能回避的问题。作为一种社会控制的工具和行为准则，法律面对的是社会相互竞争和相互冲突的利益，在调整利益关系的过程中，要保障谁的利益，约束谁的利益，就涉及到一个法律的价值评价准则。庞德认为，这个评价的准则或制定法律的依据就是法律的价值问题。当然，与自然法学以主观抽象思维和逻辑推理方法研究法的价值问题完全不同，庞德是站在实用主义的立场，以评判和调整社会实际运行中各种相互冲突的利益关系为目的来研究法律的价值问题。他认为，法律价值并不是一种纯粹的主观价值判断，而是务实的法律本身所包含的价值准则。就近代各种法律制度所包含的价值准则来说，如神学的法律秩序，理性的法律秩序，个人自由的法律秩序，从阶级斗争理论演绎出来的法律秩序等等，它们都是在实际运行中社会选择的结果，即使我们不能证明它

① 马汉宝. 自然法之现代的意义. 社会科学论丛，台湾大学法学院，第17辑. 转引自严存生《法律的价值》山西人民出版社，1991. 19.

们，也可以用理性认识它们和利用它们，把它们作为法律追求的目标，看作已经足够接近的真实。

综合法学是第二次世界大战以后从社会学法学中分化出来的法学流派。顾名思义，所谓“综合法学”就是对几个法学流派的观点进行批判和综合。这个学派主张法律是价值、事实和形式的统一体，认为以它们为各自主要研究内容的西方三大法学流派——自然法学、社会学法学（包括现实主义法学）、分析法学——分别只研究了其中的一个方面。因此，综合法学的任务就是吸收三大法学流派的长处，建立一个统一的法理学。该学派对法律的价值问题也有很多论述。其主要代表人物博登海默（Edgar Bodewheimer）认为，法律的价值体现了法律中的理想因素，是法律所追求的目标，而这个理想要求和目标模式是多方面的，不能只强调一个方面。他在《法理学——法哲学及其方法》一书中写道，“平等、自由、服从自然或上帝的意志、幸福、社会和谐与团结、公共利益、安全、促进文化的发展——所有这些和其他一些价值被不同时代的不同思想家都宣称为法律的最高价值。”[①]这表明法律价值是多元的。对于以上多元的法律价值之间的关系，博登海默又指出，“就法律控制的目的而论，越来越清楚的是平等、自由、安全和公共利益都不能绝对化，因为它们都不能孤立的、单独的表现为终极的、排它的法律理想。所有上述价值，既相互结合又相互依赖，因此在建造一个成熟的、发达的法律体系时，我们必须将它们安置于适当的位置之上。”

存在主义法学的一些法学家，如墨西哥的西奇斯（Luis Recasens Sichs）也很重视法律的价值问题。他认为，法律所追求的价值是多种多样的，有基本的和非基本的，紧迫的和非紧迫的，因而它们是分等级的，其中在他看来保护安全和维护秩序是最基本的和最初的，而保障个人自由和实现正义则是最高的和最后的。他认为正义问题的关键在于确定价值之高下先后，以及各种价值之间的相互关系。实在法必须具备以上价值，否则是不能存在的。而法学的重要工作就在于对其价值进行评价。在评价中必然涉及到法律运行的实际环境和有关经

① 博登海默（Edgar Bodewheimer）. 法理学——法哲学及其方法. 华夏出版社，1987. 198

验，所以应该把价值的实现和评价与具体的历史环境和社会条件结合起来（严存生，1991）。[①]

综上所述可以看出，西方法学界对法律价值这一概念的使用是不尽相同的，观点也不完全统一。从它们的理论观点中可以获得关于法律价值的几个特征：法律价值是法律的理想，是实际运行中的法律所追求的目标；法的价值是多元的、多方面的，不同的历史条件赋予它多侧面的内容；法律的多元价值之间是相互结合的，而不是孤立的、排它的，它们在整个法律体系中应该有恰当的位置。同时，基于“价值”概念的一般范畴，不同法学流派从不同角度对法律价值内涵的理解也可以归纳为大致的几点。严存生认为，西方法学界对法律价值的使用可以归纳为三种：第一，法律产生、存在的必然性和客观基础，包括法律与人的本性特别是理性的关系，法律与道德的关系，法律与国家权力的关系等等；第二，法律本身（客观上）所应该具有的理想目标和功能，如保障实现公平、自由、公共利益、安全、社会秩序等；第三，人们（主观上）对法律进行评价的准则和价值判断。显然，这三个方面是有内在的、不可分割的相互联系。

#### 1.2.1.2 中国法学界关于法律价值的观点

在对现代西方法学界关于法律价值这一概念的引入和研究的基础上，我国法学家也对这个概念阐述了相关的观点。

沈宗灵认为，法的价值可以归纳为三个方面的含义，“第一，它指的是法促进哪些价值实现；第二，指法本身有哪些价值；第三，在不同类价值之间或同类价值之间发生矛盾时，法根据什么标准来对它们进行评价，即法的评价准则。”他同时又指出，“法的价值的以上三种含义是不同的，不应加以混淆，但它们又是密切联系的。法促进哪些价值，实际上就是法的本质与目的问题，不同阶级，不同学派思想家、法学家有不同的理解；法本身具有什么价值，实质上是指法不仅是实现一定目的的手段，同时它本身也有特定的价值。例如，任何社会的法，总意味着某种理性和秩序，而与非理性主义、无政府主义是

① 严存生．法律的价值．山西人民出版社，1991．200

对立的；现代社会的法，一般地说，总意味某种民主、自由与平等，而与专制、独裁是对立的。我们在研究法促进哪些价值时，必然会涉及到法本身具有哪些价值；而法所促进的各类价值之间或同类价值之间必然是会有矛盾的，因而就有对它们进行评价、协调和选择的问题。"①

严存生对法律价值的研究则循着两条线索：第一，是建立哲学上的一般价值概念，用以指导法律价值这个特殊的价值概念的理解与界定；第二，是研究法学界，特别是西方法学界对法律价值概念的习惯用法。在这两条线索研究相结合的基础上，严存生把法律价值定义为，"标志着客体与主体，即法律与人的关系的一个范畴。"② 他进一步指出，这种关系包括两个方面——法律对人的作用、意义和人对法律作用的评价。一个方面，法律对人的作用、功能，是依存于法律客体的客观属性，这是法律价值的一个重要方面③。另一个方面，从人的这个主体方面对法律所提出的价值要求和评价准则。这也包括两个方面：其一，法律应该达到的理想目标，即所要追求的价值，正如前文所述，这些价值往往不是单一的，而是多元的、多层次的，如公平、秩序、个人自由和效率等，不过在不同社会或不同历史时期里，人们要求法律应追求的价值的侧重点和具体内容是不同的；其二，人对法律价值的评价标准，严存生认为，"就此而言，往往二者同一，

---

① 沈宗灵. 法理学. 高等教育出版社，1994. 46~47

② 严存生. 法律的价值. 山西人民出版社，1991. 28

③ 不可否认，法律的理想价值、应达目标、应该发挥的社会作用是基于人的需要和主观要求的，但法律的客观属性是不以人的意志为转移的。严存生认为，法律价值的客观性，首先取决于考察法律的主体即人的需要与内在尺度的客观性。价值的确定，取决于人的实际存在的需要，人的需要从根本上同人的社会存在相联系，具有不依赖于人的主观意志的客观性和必然性。例如各个阶级都有其特定的"正义"、"秩序"、"自由"、"平等"观，它们是各自由有关阶级主体的需要决定的。法律价值的客观性，还取决于客体即法律的客观性，取决于主体与客体的关系的客观性，法律价值论中的主体与客体的关系的客观性，必须从人的社会存在中去加以把握。在这一点上，马克思和恩格斯就指出："人们的存在就是他们的现实生活过程。"这里所说的"现实生活过程"，包括社会物质生活条件的生产过程，人本身的再生产过程和精神生活及其条件的生产和再生产过程。其中，社会物质生活条件的生产过程具有决定性的意义，正是在社会物质生活条件的生产过程中最直接地表现了人与人之间的利益关系，从而直接地表现了他们的由利益所决定的意志的相互冲突。这样，法律价值主体（即人）与客体（即法律）的关系，也就具有客观性。

因为人们所要求于法律的，也就可以用来衡量法律。”① 西方学者一般也把价值标准和理想目标归为同一回事，因为法律的应然价值和理想目标无疑是进行价值评价时最合适的准绳。此外，人们在评价法律时除了要看制定出来的法律是否达到了应然的价值要求，而且还要看法律实际运行中所产生的社会效果——应该达到的效果，抑或出现了其他未料的效果。这是因为已经制定出来的法律，在具体社会经济条件和历史环境中实施，往往会产生意料之外的好的或坏的社会效果。所以不仅法律原先的理想目标是评价的标准，而且社会效果也是评价标准之一。

总的看来，以上中外法学家和各法学流派对于法律价值的理解和界定可谓林林总总，不一而足。从切入的研究角度和研究方法来分析，大致上可以划分为三类。第一类，基于人的理性基础，采用纯粹抽象的逻辑思辩来推导法律“应然”的理想和目标，如自然法学；第二类，基于社会实用主义的思想方法，认为法律价值就是在实际调控过程中评判相互冲突的利益关系的准则，如社会学法学；第三类，从一般价值的哲学范畴出发，界定法律价值为客体（法律）和主体（人）的关系，如严存生的观点。从对法律价值内涵的界定和认识分析，大多可以归结到法律客体和人、社会这一主体之间的关系。法律有什么作用、意义，法律促进哪些价值的实现，是正义、是自由、是秩序……这些都是法律指向社会的关系。另一方面，法律应该具有什么样的理想目标，法律应具有哪些价值，评价法律的价值标准等，则是人与社会指向法律的关系，是人对法律的价值要求。

### 1.2.2 城市规划法的价值概念

本书界定城市规划法的价值这一概念有三个原则：其一，以中外法学家关于法律价值的理论阐述为基础；其二，阐述城市规划法的价值概念尽管要吸收法理学的相关理论，但并不是进行纯粹法理学上的概念探讨，界定目的是为了建立城市规划法研究和法学理论沟通的平

① 严存生. 法律的价值. 山西人民出版社，1991. 28

台，是为了更好运用法学理论工具来研究城市规划法的问题；其三，也是最重要的一个原则，就是界定城市规划法的价值概念，着重要结合本书的研究目的和研究方法。

本书的研究目的源于对中国城市规划实践与法制建设的反思。现代中国的城市规划，无论是建国初期学习前苏联的建设经验和规划方法，还是改革开放后引入西方的规划思想，其秉持的主旨应该是以城市建设手段为人民群众（即公众）营造良好的居住和生活环境，为城市经济发展创造物质空间条件。可以说，理论上城市规划是以维护公众利益为最高目标和最终归宿的，这就是规划的价值取向。如果说城市规划法是从法律上规范规划行为，作为规划制定和实施的法律依据和法律保障，那么理论上城市规划的价值取向应该成为规划法的价值理念之一，规划法也应该把保障公众利益的实现作为最高的价值取向。但是，城市规划法作用下的城市开发建设的现实告诉我们，规划法应然的价值取向并没有得到有力的保障，甚至有时受到极大的扭曲。这使我们常常陷入困惑之中：是应然的价值在规划法中根本就没有得到充分的体现，还是规划法的应然价值在中国社会现实运行中碰到了问题，抑或是法的价值和当前的社会现状之间的桥梁断了？城市规划法所面对的当前中国的社会现实是，从宏观上看，自 1992 年确立了社会主义市场经济的改革目标始，中国已经开始了从计划经济向市场经济的深层次的社会转型过程中；从城市规划和建设的微观领域看，在土地有偿使用制度、住房商品化等改革影响下，城市建设领域开始形成了新的利益主体，不同利益需要之间的冲突和竞争日益频繁和激烈，社会利益结构和社会关系日趋复杂。社会变化还在继续，但发展的方向和趋势无疑已肯定。

本书的研究目的就是立足于中国社会的具体情况和城市建设领域的利益关系，探讨城市规划法应该确立什么样的价值层次，在应然的价值和社会现实之间架筑实现的、可行的桥梁。总而言之，本书目标不在于提供一个具体的答案，不在于回答城市规划法的价值理论上应该是什么样的；本书更重要的目的是通过“社会效果——法的价值”这样一条研究途径，引导人们去思考，在中国由完全计划经济向市场经济的社会转型过程中，城市规划法的社会作用发生了什么变化？社会效果是什么？面对建设领域的利益变化，规划法的价值表现是什么？为什么以及如何来关注规划法的价值问题？因此，本书的宗旨在于提出一种对城市规划法的价值问题进行讨论时可供遵循的思路。

鉴于以上对本书研究目的的讨论，笔者认为，同一般法律价值具有主、客体属性一样，城市规划法的价值既包含了一种客观属性，即法具有的社会作用和意义，同时又体现了一种主体属性，即作为规范城市规划行为的准则，人们对规划法应该达到什么样的社会目标和社会理想的要求。着眼于本书研究目的和研究线索的展开深入，书中对于城市规划法价值的理解为，在城市规划法应然价值与价值评判标准的基础上（两者在此被认为是一致的），城市规划法应该实现什么样的社会效果，城市规划法促进哪些价值的实现，即本质上保障和促进哪类利益的实现。

### 1.2.3 为什么要研究中国城市规划法的价值问题

城市规划法的研究内容非常广泛，本书选择规划法的价值问题来研究，原因大致有三点：

第一，法的价值是规划法研究不能回避且必须回答的基础理论问题，因为法的价值基础问题是法理学的重要论题，也是法的根本性问题。城市规划法是一种应用型的法，在制定、解释和适用规划法的过程中，法的价值是确定一系列法律原则的风标和尺度，对具体法律条文的制定、修改起着最终的指导作用，同时也是考察和评价规划法实施的社会作用和效果的标准。举例来说，在当前对《城市规划法》（1990 年）的第一轮修订中，是否需要增添公众参与规划的条款？若增加，是原则性的规定，还是具体的可操作性强的条文？公众能够参与哪些阶段的规划，是总体规划的编制审批，控制性详细规划的编制审批，还是开发商规划许可的申请和审批，即规划法应该赋予公众参与规划多大的权利范围？在法律修订过程中对以上问题的权衡和确认，除了要回应城市规划与建设实践的法律保障诉求外，在立法上往往会最终归结到以规划法的价值取向作为权衡的尺度。

第二，面对当前我国规划法律实践的现状，如果着眼于解决社会问题、改革规划法律的动机，就不能回避法的价值问题——规划立法是否充分体现了城市规划维护公众利益的基本目标和最终归宿？在规划法的适用过程中，法的价值取向在多大程度上得以实现？是完全实现，部分实现，还是相反被扭曲了？特别是在当前我国向市场经济的社会转型过程中，同其他法律领域一样，规划法的价值基础问题面临着前所未有的困惑和挑战。面对着城市规划建设领域市场化改革中涌现的新的利益主体，以及由此而形成的越来越复杂的社会关系和新的利益分配格局，规划法最根本的价值问题必然面临着新的调适。在当今中国改革的社会大背景下，效率和经济增长成了社会各界——从政府到企业，从国家到个人——关注的中心议题，城市规划在综合安排城市资源的空间布局时往往首先要考虑和服从城市经济发展的需要，而同时，规划中公共利益和社会利益的保障面临着越来越大的挑战和失败，效率价值和公平价值这一对矛盾随着城市建设市场化改革的继续深化有愈演愈烈的趋势，充分重视社会公平问题以及效率与公平的权衡问题，只是迟早的事。正如党的十六大报告所指出的，我们的目标是全面建设小康社会，这明确表达了谋求社会公平的声音。在这样的时代背景下，研究规划法的价值取向问题，研究在多元价值中如何调适和平衡，无疑具有特别重要的现实意义。

第三，正如前文文献研究中对这一领域研究内容和研究方法的分析，目前能针对改革中我国城市规划建设领域已经发生和正在发生的重大变化，针对我国规划法实施的具体情况，对规划法的价值这一重要课题进行专门的研究仍很缺乏。

## 1.3 研究的方法论和本书框架

### 1.3.1 研究城市规划法的价值为什么要引入法哲学理论工具

这里对城市规划专业人员来说，首先要弄清楚法哲学是研究什么的。从法学上看，法哲学是法学中研究法的基础理论的一个分科。在西方法学界，这一分科往往又被称为“法理学”或“法律理论”。《不列颠百科全书》（1977年第15版）对“西方法律哲学”这一条目的解释：

“法律哲学就是系统阐述法律的概念和理论，以帮助理解法律的性质、法律权力的根源及其在社会中的作用。在英语国家里，Jurisprudence（法理学）一词常被用作法律哲学的同义词，并且总是用以概括法学领域的分支学科的。”① 该百科全书（1973 年第 14 版）对 Jurisprudence（法理学）一条的解释：“此词在英语中较通常的意义以及本文所指的意义，大体上相当于法律哲学。法理学是关于法律的性质、目的、为实现那些目的所必需的（组织上的和概念上的）手段、法律实效的限度、法律对正义和道德的关系，以及法律在历史上改变和成长的方式。”② 随着社会的发展和进步，西方不同流派的法学家对法律哲学内涵和外延的解释并不完全相同。但总的来说，人们普遍认为法律哲学应该是研究关于法的最本质的、最基础的理论问题的。

回到城市规划法的研究上，其价值就是城市规划法这一具体法律领域研究中的一个基础理论问题。它要回答的是：“城市规划立法的目的是什么？”“面对城市规划建设领域中各种复杂的社会关系，城市规划法是以什么样的价值取向来进行调控的？”“在各类相互重叠、相互冲突的利益取向中，城市规划法依据什么价值标准，保障实现的是哪类利益？”这些就是法律的价值标准和价值取向问题，也是整个城市规划法律制度的根本性问题。研究城市规划法的价值就是研究这一具体法律领域的法理问题、理论问题。

那么，通过什么样的途径来研究城市规划法的价值问题呢？目前城市规划学界关于城市规划法的研究还没有涉及到法律价值这个领域，可以说没有现成的路径可走。再从法学上看，西方法学研究的一个发展趋势很具有启发意义。“最近 20 多年，法哲学研究开始从一般法律理论研究，扩展和深入到具体法律领域，出现了一批从法学理论层面，应用法哲学的方法探讨各部门法的一般理论的著作。这些论著涉及到各部门法的价值基础、社会基础、伦理问题等等的哲学反思，

① 《不列颠百科全书》（1977 年第 15 版）第 10 卷第 714 页。转引自沈宗灵. 现代西方法律哲学，1983. 2

② 同上

构成把法哲学与宪法、民法、行政法等部门法学联结起来的桥梁和纽带。诸如诉讼法领域的经济代价、道德代价、程序的价值问题；财产法中的公平、功利、自由等问题。”[①] 这些研究表明，应用法律哲学的理论工具来进一步探讨城市规划法这一具体法律领域的价值问题是可行的。

初步的研究途径明确了，接下来的问题就是应用什么样的法律哲学理论工具来研究规划法的价值？本书为什么引入法律哲学中的社会学法学这一流派？社会学法学的思想渊源和价值理论又是什么？

## 1.3.2 社会学法学的思想渊源

社会学法学是 20 世纪以来，西方法律哲学最重要的流派之一，在西方各国，特别是美国法学界长期占据了主导地位[②]。

### 1.3.2.1 含义

社会学法学，通常也被称为社会法学。为什么称作“社会学法学”，解释大体上有两个原因。沈宗灵先生认为，其一是指以社会学的观点和方法研究法律，研究法律与其他社会因素的相互作用，特制是要研究法律的社会目的和社会效果。其二，因为 19 世纪的法律强调个人利益、个人自由和个人权利，而 20 世纪的法律则强调社会利益，强调个人权益的实现要和社会利益相结合，而社会法学正是在 20 世纪初提倡“法律的社会化”这个大背景下兴起的。

### 1.3.2.2 产生发展及背景

社会学法学其实在 19 世纪后期就开始出现了[③]，但兴起于 20 世

① 张文显. 二十世纪西方法哲学思潮研究. 法律出版社，1996. 9

② 西方法学发展历史上涌现过众多的法学流派，它们的研究方法和观点各不相同，甚至有时是对立的。从它们所研究和强调的主要内容看，法学界倾向于把它们归结为三大类——自然法学派（包括新自然法学等）、分析法学派（包括新分析法学等）、社会学法学派（包括现实主义法学等）。而这三大类法学的主要研究内容与法律的三要素——价值、规范、事实是一一对应的。自然法学的研究重点在价值思辨，即法要实现的目的和法的理想，法与正义、道德的关系；分析法学的研究重点在法律规范本身，即分析现行法律的结构、层次、体系和特征等；社会学法学的研究重点则在社会事实，即关注法律在社会生活中的实际运行和社会效果。

③ 早期的社会法学较多地从生物学、人种学或心理学等角度来解释法律。比较著名的代表人物有英国社会学家斯宾塞（Herbrt Spencer，1820—1930 年），奥地利社会学家龚普洛维奇（Ludwig Gumplowicz，1838—1909 年），法国社会学家塔尔德（Gabriel Tarde，1843—1904 年）等。

纪初，到20世纪30年代则广泛流行。它在美国的影响比较大，自20世纪30年代起，长期在美国法学中占支配地位。罗斯柯·庞德(Roscoe Pound)[①]是社会学法学在美国的代表人物，也是20世纪西方法学的权威人物之一。本文研究所借鉴的主要就是庞德的社会学法学的理论。

社会学法学在20世纪兴起发展的背景条件主要有两个。第一，从19世纪末开始，西方主要资本主义国家纷纷从自由竞争资本主义进入垄断资本主义。伴随经济扩张和经济危机的暴发，社会利益结构急剧变动，新旧利益的冲突不可避免，各种新的社会矛盾趋向激化。第二，这一时期工业革命带来的社会问题和公害问题日益严重，诸如劳工问题、社会福利问题、经济管制问题、环境问题、教育问题及住房问题等。于是资本主义国家由不干预主义转变为积极地干预经济和社会生活，其中，法律起着直接的和突出的作用，如国家相继制定了劳工法、社会保障法、经济管制法、环境保护法、住房法等以适应社会需求。这一时期的立法活动开始由维护个人自由、个人权利转向强调个人利益和社会公共利益的结合，从个人本位转为社会本位的社会立法的崛起在西方法律发展中被称为“法律的社会化”（Socialization of Law）。综合以上两方面的社会问题和法律实践的需求，为法学理论的发展提供了强大的和持续的推动力。借助社会学研究的方法和新的观念，社会学法学应运而生。

#### 1.3.2.3 思想渊源

庞德的社会学法学的思想渊源较为复杂。博登海默（E. Bodenheimer）指出，从庞德所撰写的《法律哲学导论》（Introduction to the Philosophy of Law）一书中对法律的基本看法可以发现，其思想深受实用主义哲学的影响。庞德这样写道：“为了理解当下的法律，我满足于这样一幅图景，即在付出最小代价的条件下尽可能的满足人们的各种要求。我愿意把法律看成这样一种社会制度，即在通过政治组织的社会对人们的行为进行安排而满足人们的需要或实现人们的要求的情

① 庞德，美国法学家。主要著作《社会学法学的范围和目》（1911—1912年）、《法和道德》（1924年）、《通过法律的社会控制》（1942年）和《法理学》等。

形下，它能以付出最小代价为条件而尽可能地满足社会需求——即产生于文明社会生活中的要求、需要和期望——的社会制度。就理解法律这个目的而言，我很高兴能从法律的历史中发现了这样的记载：它通过社会控制的方式而不断扩大对人的需求、需要和欲望进行承认和满足；对社会利益进行日益广泛和有效的保护；更彻底和更有效地杜绝浪费并防止人们在享受生活时发生冲突——总而言之，一项日益有效的社会工程。"① 他进一步指出，19 世纪的法律历史，在很大程度上是一部有关日趋承认个人权利——这些权利常常被视为“自然”的（或天赋的）和绝对的权利——的纪录。在 20 世纪，他建议说，应该用更加广泛地承认人的需要、要求和社会利益这方面的发展来重写法律历史。

沈宗灵在《现代西方法律哲学》一书中也认为，虽然庞德理论的思想渊源很复杂，但比较明显和重要的思想基础是实用主义哲学②。

将实用主义哲学应用到法学领域，形成了庞德关于法律的一些基本观点：法的生命不是逻辑的，而是经验的；法和政治、经济、社会、历史等许多因素相联系；法是社会控制的工具和一项社会工程，法学研究要关注法律的社会作用和实际社会效果。

庞德社会学法学的发展还受到功利法学的影响。功利法学是近代最富影响的、法哲学的学派之一，杰里米·边沁（Jeremy Bentham，1748—1832 年）成为其鼻祖和代表人物。最后渊源于英国的功利法学对现代西方法学产生了广泛的影响。德国法学家 H·科殷（Helmut Coing）指出，“除了他的（指杰里米·边沁）直接的门徒即英国的‘功利主义学派’、尤其是 J·St·密尔（J. St. Mill，1806—1873 年）之外，它的思想对现代美国的法律科学有很大的影响，例如，罗斯柯·庞德（Roscoe Pound，1807—1864 年）和美国的现实主义法学派。”③

---

① Rev. ed.（New Haven，1954 年）. 47。转引自博登海默（E. Bodenheimer）. 法理学：法律哲学与法律方法. 邓正来译. 中国政法大学出版社，1999. 147

② 沈宗灵. 现代西方法律哲学. 法律出版社，1983. 65

③ ［德］H·科殷（Helmut Coing）. 法哲学（Grundzüge der Rechtsphilosophie）. 林荣远译. 华夏出版社，2003. 36～37

为什么称之为功利法学，其主要理论观点是什么呢？“杰里米·边沁的理论是建立在所谓的快乐原则之上的，它以这样的思想为基础：人都求乐避苦，而且他的行为是由这所决定的。”“按照求乐避苦的原则，为了判断人的行为，将会往往有必要考虑它的最终的结果是引起更多的快乐或者更多的不快乐。也就是说，伦理的判断要求某种利益权衡。边沁在这个基础上阐述了一条基本原则，它即适用于个人的伦理，也适用于立法。如果促进最大多数人的最大幸福（所谓的功利原理），那个行为就是正确的，法律就是公正的。”① 科殷（Helmut Coing）进一步指出，把功利原理应用到法和立法上，必然会导致探寻在各种法律准则背后的权利利益和经济利益，或者把各种法的规则看作是这类利益的表现，或者看作是相互矛盾的利益之间的妥协。

### 1.3.3 社会学法学的价值理论

庞德的社会学法学理论是相当系统、相当庞大的。这里要介绍的是他的核心观点以及对规划法价值研究有意义的一些理论方法。

庞德学说的核心是强调法律的社会作用和社会效果（沈宗灵，1983 年）。在社会学理论和方法的视角下，相对于法律的规范内容，社会学法学更关注法律的实际运行效果，强调的是法律所要促进的社会目的。以庞德为代表的社会法学在强调法律实际社会效果的背后，体现了其本质上实用主义的哲学基础以及立足于改革现行法律制度的主张。

庞德认为，法律是一种社会控制的工具（此外，还有道德、习惯、宗教等工具）。实行社会控制，就是对人的控制，对人类内在本性的控制。他认为，人具有双重本性：一方面是相互合作的社会本性，另一方面是个人主义的本性。由此个人就会形成不同的需求和主张。社会中人们的各不相同的需求是无限的，但社会用来满足这些需求的资源、机会却是有限的，这就必然导致人们之间需求的冲突，即

① ［德］H·科殷（Helmut Coing）. 法哲学（Grundzüge der Rechtsphilosophie）. 林荣远译. 华夏出版社，2003. 35 ~ 36

人们之间利益的冲突。从强调法律的社会作用和效果这一核心思想出发，庞德主张，法律的任务或作用并不是创造利益，而只是承认、确定、保障和实现利益（沈宗灵，1983 年）。

基于实现法律社会作用的目的，在调控相互冲突的各类利益时，就必然触及到一些根本性的问题，即"对这些利益如何估量，对它们如何评价？用什么原则来决定它们相互之间的份量？在发生冲突情况下，哪些利益应让位？"① 这些就是法律的价值准则和价值基础问题。尽管社会学法学主要关注法律的实际运行，但是庞德也很重视法律价值问题，并认为这是法律科学所不能回避的，从古至今，法学家的一个主要任务就是论证法律的价值问题，尽管不同时代的法学家曾提出过不同的价值准则。从法律规则的制定、发展和适用来说，庞德指出我们已经有三种获得法律价值的方法：经验方法、理性方法和权威性的观念。经验的方法，即通过经验去获得这样一个准则——在不损害整个利益的条件下来调整各种相互冲突或者重叠的利益，再通过理性发展这种经验。这样，法律作为一个实际的东西，其价值准则就成为能在最少阻碍和最少浪费的条件下调整关系和安排行为的东西；理性的方法，即根据法学家提出的关于一定文明社会的法律假设和前提来进行评价②；权威性的观念，即根据法律应该是什么样的东西、理想的法律秩序模式来评价各种利益③。庞德指出，在上述三种可供立法者、法官和法学家采用的获取法律价值准则的方法中，理性的方法和权威性的方法虽然也很为人们所主张，但是这两者现在已很少使用了，而且在实际运用中也遇到了

---

① 庞德. 法理学（第 3 卷）. 327 ~ 328. 转引自沈宗灵. 现代西方法律哲学. 法律出版社，1983. 80 ~ 81

② 在 20 世纪初，庞德曾提出过在文明社会中有关私法的五个法律前提，如其他的人不会故意侵犯他；它可以控制它所发现和占有的东西、他自己的劳动成果和它在现行经济制度下所取得的东西等等。到 20 世纪 40 年代初，庞德根据近几十年社会、法律的发展，提出再补充三个私法前提，比如承认有工作的人对工作的要求（主要指劳资集体谈判）；社会负担个人的不幸（如责任保险和社会保险法）。

③ 庞德认为，17 世纪到 19 世纪的法律秩序的理想图画是以个人自由竞争为基础的；但到 20 世纪时，这一理想图画已不再适用了，应代之以一幅新的理想图画，其中既有社会合作，又有个人自由竞争。

困难[①]。在此基础上，庞德提出来，法律价值，即评价法律的价值标准主要通过经验的方法获得，认为法的价值就在于“通过经验来发现并通过理性来发展调整关系和安排行为的各种方式，使其在最少的阻碍和浪费的情况下给予整个利益方案以最大的效果。”[②]

很明显，与自然法学主要以抽象思辨和逻辑推理来研究正义、自由、权利等法的理想价值不同，庞德是完全站在实用主义的立场来论述法律价值问题的，既要保证法律实施中减少阻力和浪费，又要实现整个利益方案的最大效果，这样法的价值在实用中就体现为承认了哪种利益、保障了哪种利益和制约了哪种利益。综上所述，在社会学法学的研究视角下，法律价值的研究摆脱了一般法理学在这一问题上纯粹逻辑推理的抽象藩篱，而是在评判各种利益、实现法律的社会作用和社会目的的过程中得到研究和批判。

### 1.3.4 社会学法学对城市规划法价值研究的方法论意义

城市规划法研究是规划专业和法学交叉研究的学科领域。城市规划法研究，特别是关于城市规划法法理的研究，在理论和方法上都可以借助法律哲学（法理学）这一有利的研究手段，以拓展规划法领域研究的深度和广度。而社会学法学以其独特的研究方法和理论视角，对规划法研究领域在研究方法等方面很有启发。

探讨法律的价值取向和价值准则是一般法律哲学的研究主旨。法律哲学通常基于一定的社会思想和理念，应用抽象思维和逻辑推理的方法，对法律的价值、发展规律等根本性问题进行抽象地研究，最终提出法应该是什么样的，理想的法律秩序模式是什么。但是，在

---

① 这两种方法之所以遇到困难，庞德认为，主要是由于我们已经从一种社会秩序过渡到另一种社会秩序：在前一种社会秩序中，对它们的公认理想业已形成，各种法的假设也众所周知；在后一种社会秩序中，还没有充分发展到能容许它制造出一个为所有人都接受的理想（如同所有学派接受上一世纪的理想那样），或提出可以确信其为有效的各种法律假设。可是，法院调整关系和安排行为的实际工作必须不断地进行。法律秩序不能停顿下来，去等待哲学家们同意一种理想，如同它们在上一世纪所做的那样，也不能停顿下来去等待法院能被吸引或教导接受它作为权威性的理想……在这期间法院必须像过去一样，通过经验来发现并用理性去发展调整关系和安排行为的各种方式，使其在最少阻力和浪费的情况下给予整个利益方案以最大的效果。

② 庞德. 通过法律的社会控制——法律的任务. 商务印书馆，中译本（1984 年）. 71

西方国家的法律实践中——无论是古代社会，还是现代社会——法律理想并不能代替现实，法律理想也不可能完全变成现实。许多法学家在研究中开始重视这一点，开始关注法律理想的实现问题。美国伯克利“法与社会研究中心”的诺内特（P. Nonet）和塞尔兹尼克（P. Selznick）在《转变中的法律与社会》（Law and Society in Transition）一书的研究中就表现出，“他的深刻之处在于始终意识到人们把理想转化为制度、并付诸实施的社会过程往往带来出乎意料的结果，因而对热烈的人文主义理想也投注着冷峻的现实主义眼光，力图从方法论上将价值追求和经验实证结合起来。”①

其实，诺内特和塞尔兹尼克对于法律的实用主义观点深受庞德理论的影响，可以说他们理论的思想基础是一致的，都体现了对社会问题的关注和法律改革的动机。至于如何从方法论上将法律价值和法律实施的社会效果结合起来，庞德认为，在立法时仅仅考虑法律条文的具体内容是否符合抽象的价值是不够的，还要考虑法律价值所生长的土壤——各种社会需求和利益关系——对其形成和实现的影响。因此，我们可以看到，庞德关于法律价值的理论并不是基于完全的抽象逻辑的，而是针对社会事实的。其方法论思路是：法律是一项社会控制的工具——法律的任务就是承认、确定、保障和实现利益——在制定法律时，法律的价值准则是评估互相冲突的各种利益的基础。

众所周知，现代城市规划从19世纪后期兴起至今，所高举的思想旗帜一直是维护公众利益和社会公共利益，这也是现代城市规划立法的价值取向和思想基础之一。相对于西方国家和地区而言，我国规划法制的发展历史是较短的。兴起大致始于1980年代初的国家改革和开放，蓬勃发展则始于1990年代初，以城市规划的第一部国家法律《中华人民共和国城市规划法》的颁布实施为标志。综观这20多年的法律实践情况，一方面，成效当然有目共睹，如城市规划的法律地位得到了确认，并成为政府的法定行政职能，城市规划的内容、技术方法也得到了法律规范等等，这里不多赘言。另一方面，如果探讨

① 诺内特（P. Nonet），塞尔兹尼克（P. Selznick）. 转变中的法律与社会（Law and Society in Transition）。张志铭译. 中国政法大学出版社，1994. 2

一下规划法的社会效果及它所促使实现的社会目的，特别是反思一下维护公众利益和社会公共利益的理想在多大程度上得到了保障和实现，大多数人必然会感叹这一美好的理想在现代城市开发与建设现实中的脆弱与扭曲。

重新回到原始起点，探讨建立城市规划法抽象的理想和价值是不现实的，因为使价值碰壁和破碎的是中国社会的剧变。经过 20 多年的改革和开放，我国正在由完全计划经济向市场经济过渡，这是一个巨大的社会变革，也是一个长期的社会转型过程。城市规划法律适用的社会环境发生了许多深刻的变化。在社会思想基础方面，一些新的理念应运而生，包括人与自然协调发展的生态观点，城市可持续发展的观点以及个人权利观念的觉醒等等；在社会事实和社会结构方面，整个社会结构已经发生、并且仍在发生着剧变，这已经引起了社会学界的关注，大量关于社会分层和社会变迁的研究和著作相继涌现。而在城市规划与建设领域，随着土地有偿使用、住房商品化、城市建设投资渠道多元化等一系列改革措施的出台，城市开发建设过程中的社会关系和利益结构已经不可避免地发生了变化。简言之，我国城市规划法所生长和根植的社会土壤已经发生了变化，并且正在经历着深刻的社会变革过程。

因此，面对中国当前的社会事实，探讨规划法的价值基础问题就不能完全囿于抽象意义的理想阁楼，而是要走一条“理论联系实际”、“务实事、求真知”的研究途径，即在法律价值理论研究的基础上，着重于中国城市规划社会关系和利益结构的实际剖析，从而研究中国从计划经济转向市场经济的条件下，城市规划法价值的调适和定位，并希望从中提取针对中国城市开发建设实际的、能够支持法律价值实现的法律改革方向。这也正是庞德的社会学法学所给予本文研究的方法论启示，这一研究方法的初步思路如下图：

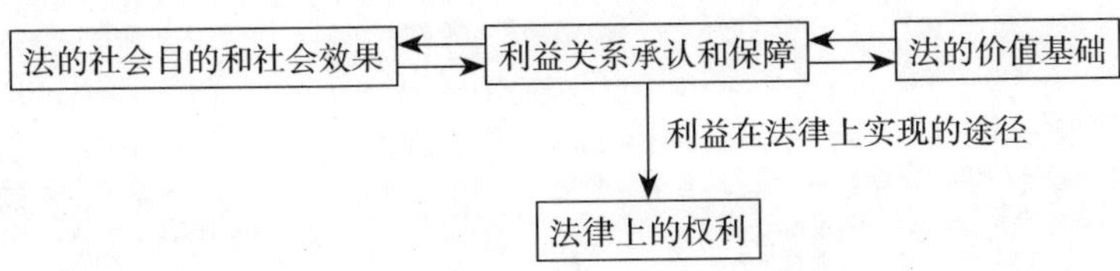

### 1.3.5 本书框架

规划法的价值取向
*概念界定
*文献综述
*研究方法与目的
提出研究主题
规划法价值的理论
*规划法的价值内涵
*规划法的价值分析
建构理论基础
规划法价值的传统定位和挑战
*计划经济影响下的利益关系
*规划法价值的传统定位
*市场经济改革与利益重构
*利益关系的突出问题
进行经验研究
规划法的价值调适
*促进效率，更应贯彻公平
*强调社会利益原则
*保障市民规划参与权利
*限制开发商影响规划决策
价值反思与法律改革

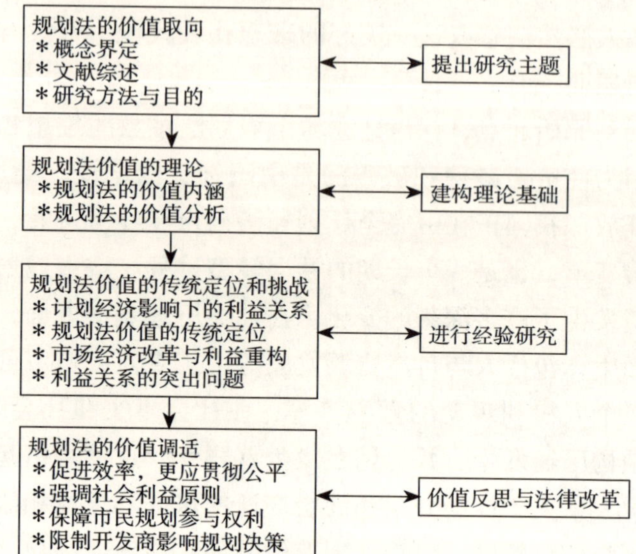

# 2

# 基本法律价值与城市规划法的价值理论

本章研究在一般法律价值概念的基础上，主要建构城市规划法的价值理论。这一理论包含两个理论要素。一是基于一般法律价值的基本内容和城市规划的价值取向，研究规划法的价值内涵问题；二是在利益与法律价值研究之间关系的基础上，研究规划法的价值分析方法。无疑，本章的研究将为下文在我国城市规划建设领域利益关系的剧烈变化中剖析规划法的价值定位和价值调适，提供理论基础。

## 2.1　城市规划法的价值内涵

### 2.1.1　法律价值的基本内容

#### 2.1.1.1　中西方法律价值的取向

我们谈到法律价值时，总会想到公平、个人自由、秩序、效率等一些耳熟能详的字眼。事实上，在不同的国家和不同的历史时期，法律价值的取向是不尽相同的。

在西方，不同历史时期对于法律价值的取向是不同的。在古罗马时代，西塞罗（Marcus Tullius Cicero，前106—前43年）、柏拉图（Platon，前427—前347年）等大思想家注重法学问题的哲学思考和概括，平等、自然的权利等价值观念广为传播。在中世纪，基督教神学统治着整个社会思想和上层建筑领域，法学也不例外的笼罩在神权的统治之下，法律的价值和理念只不过是神学世界观的体现。中世纪后期，资本主义经济开始萌芽，神学世界观遭到挑战。至17~19世纪，近代法学有了极大发展，自由、平等、个人权利等价值和观念深入人心。在现代西方社会，大多数人普遍认为，秩序、公平、个人自由是西方法律制度的三个基本价值①。特别是其中的公平价值，一直受到西方法学的极大重视。1971年，美国著名政治哲学家约翰·罗尔斯（John Rawls）在其影响巨大且深远的著作《正义论》中宣称，正义是社会制度的首要价值，而公平是正义的基础，正义不

① 这是彼得·斯坦（Peter Stein）、约翰·香德（John Shand）在其著作——《西方社会法律价值》（Legal Values in Western Society）一书中的观点。

外乎公平①。

相应的，西方法学理论对法律性质和法律价值进行解释时，不同的理论总是倾向于在某个特定时间里强调上述多元法律价值当中的一个，而忽视另一个。实证主义法学往往强调社会秩序的重要性，认为规则就是法律，倾向于将法律与秩序联系在一起；自然法学则认为法律基本上是根据公平来调整社会关系的工具，倾向于对法律的理解不应当仅仅停留在国家颁布的法律规则上，而是维护人类自然理性和道义责任的体系。因此，法律就具有了不受时间、地区等情况影响的固有的自然价值；另外，社会学法学的一些人认为，法律是社会工程的一种形式，是社会控制的一种工具，法律最终是与某个特定时期中的某个特定社会的实际需要相一致的；现实主义法学则否认法律只是一整套的规则，在他们看来，最重要的是法庭所做出的最后判决。如今，人们普遍承认，法官的人格和信仰对于法律的实现有着重要的影响，它们不仅影响法官对法律规则进行解释，而且影响对当事人所提出的证据如何进行认定。

与西方不同，中国传统文化追求“天人合一”，讲究“礼”、“秩序和谐”。在中国古代，作为指导立法和司法实践、评价法律效果的价值标准，不是正义，而是封建统治的秩序。正如有些法学研究者所指出的，“中国传统文化将秩序定位为法律的价值，在立法上的表现就是以严格维护‘礼’确定的秩序为出发点，在法律的实施中也以维护‘礼’所确定的秩序为目的，秩序成为法的出发点和归宿。评判法律的好坏，不是看正义、自由和效益，而主要是看法律在治理国家中秩序是否安定、有序作为评判的标准。”②

#### 2.1.1.2　基本法律价值中的公平与效率

近十几年来，我国法学领域已经有不少著作和论文阐述了一些法律价值范畴，如自由、公平、效率、秩序、民主等等。北京大学的沈

① 约翰·罗尔斯（John Rawls）的《正义论》在20世纪后50年里，被认为是最伟大的政治哲学著作。此书在1971年一出版，即在哲学、伦理学、经济学、政治学等主要社科领域激起巨大反响。30年来，西方关于社会正义、分配公平、政治自由、政府权力中立等问题的探讨，在很大程度上都是对这本书的回应。

② 田成有. 西方法的正义价值与中国法的秩序追求. 北大法律信息网，2003

宗灵先生认为，古今中外思想家、法学家提出过各种各样的法所促进的价值，但归纳起来，主要是正义和利益两大类价值，即公平价值和效率价值（这里的“利益”就是效率价值的问题）①。毋庸置疑，尽管秩序、自由等价值仍是法律的题中应有之义，但是公平与效率往往是市场经济条件下现代法律更为关注、并且要保障实现的一对基本价值关系。

在社会法制建设史中，法律一直把公平视为自己的价值目标——在西方法律传统中，公平与法律始终紧密地联系在一起。在中国，尽管法律与公平的关系是1980年代初改革开放以后，才被中国法学界所重视和探讨，但谁都不能否认，公平是法律一项崇高的理想价值和目标。但同时，公平并不是法律的惟一目标，无论在西方还是当代中国的市场经济改革中，法律无论如何都无法回避效率价值的无处不在。

其实，在庞德关于法律价值准则的论述中，虽然没有明确提出公平和效率的概念，但却表达了相关的内涵。在他的法律实用主义视角下，公平和效率的表达是与各类利益的调整联系在一起的。具体来说，效率价值体现在谋求以最小阻碍、最少浪费对社会关系进行调整，在各种社会行为付出较小代价的情况下，达到整个利益方案最优的状态；公平价值则体现在个人利益、社会利益等各种不同利益相互协调。在承认各种利益存在的基础上，控制各种利益在可回旋的空间内，不致形成有压倒优势的“对立利益”，从而使整个利益关系达到一种平衡和整体最优。由此可见，公平和效率在价值内涵的指向上是完全不同的。袁贵仁在《效率与公平——法律价值的人学分析》一书中指出，“按照通常的理解，效率最根本的（不是全部）是指生产效率，即人们在解决人和自然的关系中所表现出的水平，是生产力的外在表现；公平主要的是指社会公平，即人们在解决人和社会的关系中所表现出的性质，是生产关系的外在表现”②。把这两者的观点结合起来分析可以发现它们是相通的，只不过论述的视角不同。公平的社会

① 沈宗灵. 法·正义·利益. 中外法学，1993（5）

② 引自万光侠. 效率与公平——法律价值的人学分析. 人民出版社，2000. 2. 袁贵仁为此书作序。

关系就意味着主体权利的平等及他们之间的利益协调、平衡；而社会主体的生产效率高，其相应的社会行为代价就小，获得利益往往会大。

在公平与效率两项价值中，界定它们的内涵是一个基本的问题，然而难度还在于怎样认识效率与公平之间的关系。在中国现阶段，"效率优先，兼顾公平"的原则具有普遍的社会意义，因为效率是我国现实发展中必须优先考虑的问题，是矛盾的主要方面。当然，这决不意味着公平无足轻重。经过十几年市场经济改革对于效率的突出和弘扬，公平——作为这一对平衡关系中的另一端——越来越成为整个社会发展普遍关注的问题。正如十六大报告所提出的发展目标："全面建设小康社会"，其中所表达的国家发展政策的价值取向无疑更多的是指向最终的社会公平。

值得注意的是，在不同的、具体的法律领域中，如在城市规划法和经济法中，效率和公平肯定不会得到同等程度的实现——这是由于它们分别调控的社会行为的内容不同，因而调控的首要目的也不同。尽管公平和效率在不同的法律调控领域中的实现程度并不一致，但不能否认的是，在公平和效率之间寻求平衡是所有法律领域所孜孜以求的目标。彼得·斯坦（Peter Stein）和约翰·香德（John Shand）在《西方社会法律价值》（Legal Values in Western Society）一书中就指出，"应当记住，虽然在所有的法律部门中，这些基本价值并没有始终得到相同的重视和体现，然而，法律作为一个整体，却一直在力图为它们寻求一个恰当的地位。"① 但显而易见的是，促进效率和实现公平常常成为各种立法中的两难问题，成为一个似乎"鱼和熊掌不可兼得"的问题。

### 2.1.2 城市规划的社会作用与价值取向

城市规划法是城市规划行为的法律依据和法律保障，规划法的价值取向应该与规划社会作用的发挥和实现相一致。那么，在城市建设

① 彼得·斯坦（Peter Stein），约翰·香德（John Shand）. 西方社会法律价值（Legal Values in Western Society）. 王献平译. 中国人民公安大学出版社，1990. 7

领域规划行为的社会作用是什么？是侧重于实现经济效率，还是侧重于保障社会公平？是效率优先、兼顾公平，还是注重公平、兼顾效率？抑或还有其他的目的和意义？

在城市规划近一个多世纪的发展历史过程中，不同时期众多的学者从不同角度探讨和论述了规划的社会作用。纵观 19 世纪以来的城市规划理论，关于为什么要进行规划、规划的作用和目的是什么的问题，有的从理论上阐述规划对于城市社会的发展应该具有的作用和意义，城市规划所应秉持的原则和价值取向；有的则从城市规划作用于城市开发和建设的实证研究中，论述了规划的实际社会效果和有限作用（孙施文，1997 年）。总的来说，城市规划的社会作用可以划分为二个层次。

一个层次，规划是一种功能性的“工具”，这是规划存在和发展的基础作用。从规划在城市发展和建设开发中的具体运行来看，通过规划对土地利用进行综合布局，为城市居民的工作、居住、游憩和出行交通提供用地空间，为城市发展（包括经济、人口和社会等等）提供用地和空间组织的保障。城市规划在土地使用和项目开发中的作用表明，规划是实施城市公共政策或城市发展计划的一种手段。对城市建设和发展而言，很多学者都论述了城市规划的具体作用表现。例如，英国学者希利（P. Healey）认为，规划实际是政策制定和实施过程中的工具，其具体作用在于以下几方面：

①在各方利益竞争中进行土地分配；

②协调开发大型建设项目；

③吸引资源以进行投资环境的建设与改造；

④组织土地使用变化和开发的资金；

⑤保护有价值的环境特征；

⑥控制对战略至关重要的环境的小规模变化（如湿地保护、自然风景区等）。[①]

再如，英国环境部认为，规划的作用和目的在于达到：

①实现国家政策；

① 孙施文. 城市规划哲学. 中国建筑工业出版社，1997. 42

②为中央和地方政府的官员提供有关发展控制的引导；

③帮助协调各类开发，无论是私人的还是公共的；

④考虑财产所有者评估规划政策对他们利益的影响；

⑤告知公众规划政策。[①]

在规划工具性作用的另一端，是强调规划的社会目标和社会理想，即规划作用的另一个层次。在这个层次作用中，虽然都关注和侧重于规划的社会目的，但是不同学者对于规划社会目标的内涵的理解却不尽相同。一方面，有的学者借鉴了行为心理学的理论，认为物质环境的塑造影响着社会环境的质量，社会环境可以内化为人的人格，最终表现为人的行为。所以，规划要通过营造良好的物质环境，以达到孕育高尚人格的社会目标。简单来说，即“人创造了环境，环境塑造了人”。这种理论表达了规划一种“乌托邦”式的理想价值和社会目标，可以说是规划社会作用的最高层次。对于社会环境、人格和行为之间的关系，德国心理学家勒温把行为、人格和社会环境三者的关系用公式表述如下：

$$B=f\ (PE)$$

$B$—行为　$P$—人格　$E$—社会环境。

由此公式可以理解为人的行为是人格（即内化的社会环境）与现实的社会环境的函数，以及它们相互作用的结果。基于这一心理学理论，金经元认为，“人格的形成是社会环境所携带的社会文明信息在人脑中被接受、加工和积累的过程，也可把这一过程称之为社会环境的内化。在一定的社会环境下，不同的人格的人会作出不同的行为反应影响于社会，这一过程也可以称为人格的外化。”[②] 毫无疑问，规划从土地使用、景观设施和空间环境等诸多方面参与了社会环境的建设和形成过程，而一系列的研究表明社会环境的质量影响着人的行

① 孙施文. 城市规划哲学. 中国建筑工业出版社，1997. 41

② 金经元. 人——城市规划的中心主题. 城市规划，1993（3）

为特征①。正如《雅典宪章》所指出的，“……物质空间结构决定社会行为，这两个因素的关系是单向联系的，在这种关系中，社会行为是因变量……”因此，“城市规划在实质上是一种社会规划。它是以城市社区为对象，以物质环境建设为手段，以满足全社会（包括农村在内）的现实需要和促进全社会发展为目标的一种规划。”② 另一方面，有些学者对于规划社会目标的表达是从社会改良的角度出发的。他们主张城市规划应该更多地考虑社会福利、就业等问题，规划方法应更多地从人文主义角度入手，充分尊重城市中人们的交往与相互之间的关系，探讨并满足人的各种需要。例如，霍华德（E. Howard）的田园城市理论（Garden City，1898 年）和刘易斯·芒福德的城市发展理念都体现了城市规划的社会改革动机，其思想都强调了规划的社会作用和社会目标。而 1977 年的《马丘比丘宪章》指出③，“与《雅典宪章》相反，我们深信人的相互作用与交往是城市存在的基本根据。城市规划……必须反映这一现实。”1981 年的《华沙宣言》则进

① 纽曼（O. Newman）从建筑与犯罪率的关系入手，对建筑和城市空间进行分析。他就此进行了大量的调查研究，1973 年出版了《可防卫空间》（Defensible Space）一书。他发现，在建筑物的规模、高度与千人犯罪率之间有一定的关系。两边有房间的中间走廊特别危险，因为它的两边都有房间，在楼外就没有人能看到在其间犯罪的人。他还发现，很多犯罪发生在住宅周围的空地上，而在公共街道上就发生得较少。在这样的基础上，他发展了防卫空间概念。通过对防卫空间的揭示，留门（O. Newman）发展了一个空间等级体系，这个体系包括从最公共的（街道）到最私密的（居室内）的空间类型。在这两个极端之间，还有半公共空间和半私密空间。半公共空间是在个人地产之外的、为周围其他居住者或来访者所使用的，半私密空间是属于住户自己使用的但别人也能进入的那种空间。通过这样的划分，他认为可以达到：

（1）加强住户对周围场地的监视；

（2）通过明确区分称场地和道路来减少无人照管的公共地区，形成一个公共、半公共和私人地区的等级体系，每一个层次均可成为安全的地区；

（3）增进居民的所有感，从而增进他们对场所安全的责任；

（4）减少公共住房的不佳名声，允许居民能很好地与周围社区相联系；

（5）减少一个建设项目内的居民之间的代际冲突；

（6）加强对半公共场地以合乎预计的和对社会有利的方式进行使用，并鼓励和扩大住户感到有责任的地区。

② 金经元. 人——城市规划的中心主题. 城市规划，1993（3）

③ 20 世纪 70 年代后期，国际建协鉴于当时世界城市化趋势和城市规划过程中出现的新内容，于 1977 年在秘鲁的利马召开了国际性的学术会议。与会的建筑师、规划师和有关官员以《雅典宪章》为出发点，总结了近半个世纪以来尤其是二次大战后的城市发展和城市规划思想、理论和方法以及的演变，评估了城市规划实践的实际效用和产生的问题，展望了城市规划进一步发展的方向，在古文化遗址马丘比丘山上签署了《马丘比丘宪章》。

一步强调，人的需要和发展要求是规划和建设所必须考虑的，“经济计划、城市规划、城市设计和建筑设计的共同目标，应当是探索并满足人们的各种需求”[①]，当然，这种需求既包括了生理的、安全的、经济的，也包含着精神的和社会的等各种层次的需求。据此，对于如何评判规划和设计质量，《华沙宣言》指出，“改进所有人的生活质量应当是每个聚居地建设纲要的目标。”

伴随着社会的进步，人类发展的理念和思想也处在不断演变的过程中。在城市规划作用的社会目标指向中，一个层次的内涵是关注通过物质环境的塑造来孕育高尚的人格和行为，另一个层次的内涵则强调规划的社会改良动机，关注福利、就业、住房等社会问题，在规划方法上秉持人文主义的原则，认为人与人之间的相互关系和人的各种需要是规划必须考虑和尊重的。随着城市社会经济的发展，特别是经济增长对环境和资源造成的破坏越来越引起社会的关注，1992 年在巴西里约热内卢召开的世界环境与发展大会通过的《环境与发展宣言》和《21 世纪议程》，确立了可持续发展（sustainable development）的概念。[②]

---

① 《华沙宣言》，国际建筑师联合会第十四届世界会议通过，确立了建筑 - 人 - 环境作为一个整体的概念，并以此来使人们关注人、建筑和环境之间的密切的相互关系，把规划建设和发展与社会整体统一起来进行考虑。

② 关于可持续发展的概念，现在得到国际社会较为普遍接受和认可的定义是指“既满足当代人的需要，又不损害子孙后代满足其需求能力的发展”。可持续发展的概念源自于由于经济的发展而造成的对环境的破坏，使人们在经济建设的同时注意到对环境的保护，但过去仅仅强调经济行为对导致的环境的恶化及由此而产生的对建设进行控制的环境保护观念，经过几十年的实践所取得的效果并不理想，而且人们已经普遍地感受到生态的压力对经济发展所带来的重大影响，因此，从一般地考虑环境保护转移到强调把环境问题和发展问题结合起来，从而形成了可持续发展概念的完整意义。《21 世纪议程》在关于“促进稳定的人类居住区的发展”的章节中，提出了八个方面的内容：

（1）为所有人提供足够的住房；

（2）改善人类住区的管理，其中尤其强调了城市管理，并要求通过种种手段采取有创新的城市规划解决环境和社会问题；

（3）促进可持续土地使用的规划和管理；

（4）促进供水、下水、排水和固体废物管理等环境基础设施的统一建设，并认为“城市开发的可持续性通常由供水和空气质量，并由下水和废物管理等环境基础设施状况等参数界定”；

（5）在人类居住中推广可循环的能源和运输系统；

（6）加强多灾地区的人类居住规划和管理；

（7）促进可持久的建筑工业活动行动的依据；

（8）鼓励开发人力资源和增强人类住区开发的能力。

目前，可持续发展——社会、经济和环境的全面发展已经成为整个人类社会发展的基本战略。毋庸置疑，从城市发展战略调整到城市生态环境保护，从交通、能源等公共政策的取向到供水、固体废弃物处理等基础设施的完善，从可持续城市土地使用的管理到人居环境的建设……促进可持续发展应该并且已经成为城市规划社会作用的重要内容。

综上所述，规划作为一种技术手段的工具性作用和规划促进社会改良及社会目标实现的作用，是规划社会作用不可分割的两个层面。分析规划在城市开发和发展中的具体功能和规划的社会目标内容，尽管它们体现在诸多的方面——从物质性的土地使用布局到社会性的弱势群体救助——但是，城市规划社会作用的主要范畴可以概括为促进效率和实现公平。虽然这两项主题不能代表城市规划理论发展中关于规划作用和价值取向的全部内容，但促进效率和实现公平却是规划一直孜孜以求的且希望兼而有之的两项目标，表达了规划社会作用的本质和价值取向的基本内容。正如郭彦弘所指出的，在完全市场经济的香港，城市规划的作用在于促进效率、公平和社会安定，“香港政府搞规划有三个主要目标，第一是效率，政府在某方面的投资，其效率是用产值或使用率来表示的，比如一条公路，要有最多的人和最多的工业来使用；第二是公平，政府搞规划投资，针对的是整个社会，使社会上的穷人得到一定的福利，而并不只考虑投资效益和富有的人；第三个目标是社会安定，每个规划都要有利于社会安定，社会不安定，经济就会停滞。”[①] 潘国城也认为，“城市规划工作有几个主要的目的。首先，土地是社会的重要资源，城市规划必须尽量利用每块土地的潜能，供应必要的设施，帮助经济的成长。同时，也要考虑居民的需求和意愿，尽量利用有限的资源，提高物质环境的质量，包括提供适当的社会设施和基本建设，平衡来自各方对土地的竞争，保护自然环境、历史文物和建筑，改善城市和环境的发展情况，减少社会问题。”[②]

考察规划理论和实践的发展，1960 年代以前，促进效率往往成为

① 郭彦弘. 香港的经济发展与城市建设. 城市规划. 1993（2）

② 潘国城. 香港市场经济下的城市规划. 城市规划，1994（2）

规划的实际作用和具体目的。“长期以来，规划被认为是一门技术，如同一切技术一样，规划的社会功能就是提供解决问题的手段。由于在评价手段时，着重点往往在其解决问题的效率，因此效率往往成为评价规划优劣的标准。”[①] 但是，规划的效率价值在1960年代遇到了前所未有的挑战。社会福利、社会就业、住房、城市公共设施等社会问题的挑战和公众参与、倡导性规划等规划理论和思想的兴起使规划的社会目标越来越清晰，模糊在效率背后的公平价值开始处于一种重要的位置。J·弗里德曼（John Friedmann）关于公共领域中的规划的理论被认为是这一方面最有影响力的。1980年代末，J·弗里德曼（John Friedmann）在其重要理论著作——《在公共领域中的规划》（Planning in the Public Domain）一书中，阐述了市场经济下，在经济生活、甚至社会生活被利益集团和企业个体主导的背景下，规划发挥了什么样的作用[②]。当然，这里Friedmann所指的“规划”的范畴要比城市规划宽泛得多，包括了经济规划、社会规划、环境规划、城市规划等内容。综合考察以上各项规划，弗里德曼指出，市场经济下规划的社会功能主要表现在：

①引导经济稳定发展；

②提供各种公共服务，尤其在私人投资冷淡的领域，如公路、公共交通、大型水电站等基础设施；

③提供补贴，以资助和鼓励某些可能对公众和社会有利的项目，如工业搬迁、旧城复兴计划等；

④保护公共利益，协调利益冲突，防止因追求利润的市场力过于膨胀而影响公共或其他个人的利益，如制定用地规划、历史环境地区保护规划等；

⑤调节社会分配，为市场经济中的弱势者提供救助，以达成趋向更公平的社会秩序。[③]

这样看来，“提供公共服务”、“资助和鼓励对公众和社会有利的

① 张庭伟. 市场经济下的规划及规划师的职责. 城市规划，1993（3）

② 《在公共领域中的规划》（Planning in the Public Domain）一出版，即在规划业界和其他社科领域引起了广泛的影响，被卡斯泰尔（M. Castells）誉为20年来最优秀的规划理论著作。

③ 张庭伟. 市场经济下的规划及规划师的职责. 城市规划，1993（3）

项目”、“保护公共利益”和“为社会弱势者提供救助”等一系列规划职能的表述，清楚地说明规划基本目的众多方面是出于对实现公平的考虑，而不是侧重为了提高效率。即使是引导经济发展的职能，也强调一个“稳定发展”，无疑同样体现了规划干预的公平目的。正如弗里德曼认为的，市场经济条件下，规划的基本工作内容是调整社会的公共生活，具有服务“公众”的目的。

### 2.1.3 城市规划法的基本价值内涵及其表现

在城市规划的社会作用和目的中，规划作为一种技术手段的功能性作用当然是规划法最基础的价值表现。与其他一些具体法律部门一样，城市规划法的基本价值是以一些实用性价值为基础的。作为一门应用性很强的法，城市规划法的价值首先渊源于对规划行政和规划运作（编制和实施）的法律规范和保障。规划法确定了城市规划的法律地位，赋予了政府机构对国家土地开发行为进行控制管理的行政权力，同时还规范了规划编制的技术等内容，藉此保障城市规划社会关系的调整和具体的土地利用过程控制能够符合城市社会、经济发展的需要。这些都是城市规划法的一些实用性的价值。可以说，正是这些实用性的价值，支撑了城市规划在社会法律环境下的运行和发展。但是，规划作为一种公共行政行为，规划法作为调控城市公共资源分配活动的一项社会立法，作用的结果涉及居民的衣、食、住、行等切身生活的方便舒适和公平获得，城市规划法整体如果仅仅建筑在这些实用性和功能性价值，而不是更高层次的价值理念上的话，它就不可能发挥法律应有的作用。举例来说，城市规划作用的基本对象是土地利用，控制土地开发的性质、规模、容积率、绿地率等内容。但是，规划立法考虑的绝不应该只是这些技术性和实用性的问题。因为，土地作为一种公共资源，城市规划必须考虑其开发和利用过程中涉及的社会公平问题——土地开发的程序要公平、公开，使得在土地开发中获益的不仅仅是开发商和政府，还要有市民和公众；土地作为一种稀缺资源，城市规划必须考虑其可持续的利用和开发，为后代人的发展能力着想，等等。正如彼得·斯坦（Peter Stein）和约翰·香德（John Shand）所讲的，“在法律上，实用性永远会被考虑在内，但这种考虑并非法律的首先目的。"①

显然，在规划功能性价值另一端的人格塑造的目的，就如同爱、仁慈和友谊一样，是难以用稳定的、具体的和统一的法律条款来强制规范的。

由以上对规划社会作用的分析来看，促进效率、还是实现公平的问题，始终交织在规划理论和实践的发展过程中。因此，作为一般法律价值的公平和效率是城市规划法着重考虑的基本价值内容。

那么，公平和效率这两项基本法律价值，在城市规划中具体表现为什么样的内涵呢?

笔者认为在城市规划建设过程中，基于土地利用而形成了住宅、绿地、道路、海滨、公共设施等等的环境建设，它们空间布局和开发强度直接与居民能否获得优美舒适的环境有关，也直接关系到开发商能否获得最大利润，还影响到政府的施政政绩。因此，在城市规划这一具体法律领域，公平价值就指在土地等城市公共资源的开发布局中，伴随公共资源的开发使用所形成的社会利益要得到保障，同时各种利益主体都有相应的权利参与这个过程（至少提供公平的机会），在相互对话、竞争和妥协中达到整个利益关系的平衡。至于效率价值，从规划法规范的不同对象出发，其内涵不尽相同。如对开发商而言，是指开发行为的效率；对政府而言，是指规划行政行为的效率；对市民个人而言，是指市民参与的效率；对规划专业人员而言，则指规划技术行为的效率。鉴于开发商活动在城市建设中处于中心的位置，同时他们又与我国当前城市规划建设中的种种突出问题直接相关，因此，开发活动的效率（即一种生产效率）是本书研究中效率价值的主要内涵指向。当然，由于开发商行为、政府行为和市民的参与活动是交织在一起的，后文研究中也必然会涉及到市民参与规划的效率、规划行政效率等其他内涵。

在城市规划这个具体的法律领域中，具有不同内涵指向的公平价值和效率价值是处于什么样的位置和相互关系呢？我们知道，城市规划是一项行政行为，目的就是在自由市场之外建立公共政策的校衡之

① 彼得·斯坦（Peter Stein），约翰·香德（John Shand）. 西方社会法律价值（Legal Values in Western Society）. 王献平译. 中国人民公安大学出版社，1990. 3

手。市场通过自由竞争实现了高效率，但对社会可能形成诸多“外部效应”[①]，其中社会利益和公平遭到破坏就是所谓“外部效应”的一种主要表现。比如，土地使用引入市场化运作以后（有偿使用），土地使用效率明显得到了提高。但同时，基于补偿一定的投入成本和获取最高的利润，各方对土地市场的竞争不断加剧。尽量提高地块开发的容积率而不惜减少或占用地块的绿地面积，在风景区保护范围内进行别墅或宾馆等项目开发以获取高额利润而不惜破坏自然环境资源，等等类似事件屡有发生。这样看来，土地开发市场自身是趋向使用效率的，这和市场自发追逐利益的属性是一致的，而规划行为的指向就是通过引导效率，保障城市资源使用的社会公平。城市规划发展历史中1960年代以后对社会目标的重视也印证了这一点——对于规划法的调控目的而言，除了要提高开发效率，引导经济增长之外，应该着重考虑城市规划的社会公共需要，保障一定的社会公平。

### 2.1.4 社会利益保障——市场经济下的公平观

作为公共利益，社会利益一直是一个难解的问题。“何谓公共利益，因非常抽象，可能人言言殊。”[②] 我们传统理论长期认为，社会利益不成其为一种独立的利益。西方也有同样的观点（孙笑侠，1995年）。然而从各方面看，否认社会利益独立存在的观点是不符合社会发展的客观实际的。

早在18世纪，法国唯物主义者爱尔维修的功利主义哲学思想中，就把“个人利益”与“公共利益”作为其学说的两个重要范畴。他认为个人利益不能违背大多数人的公共利益，主张要将个人利益与社会利益结合起来[③]。当代社会法学派代表人物庞德将社会利益与“个人利益”、“公共利益”（相当于国家利益）相对应，提出了著名的社会利益学说。他把社会利益理解为，“是包含在文明社会生活中并基

---

① 又称“负的外部效应”或“外部性”，是指市场主体的行为使私人成本或私人收溢“外溢”而造成与社会成本或社会收益背离，从而无法实现资源最优配置的现象。

② 陈锐雄. 民法总则新论. 台湾三民书局，1982. 913

③ 哲学词典. 吉林人民出版社. 1985，545～546. 转引自孙笑侠. 法的现象与观念. 群众出版社，1995. 68

于这种生活的地位而提出的各种要求、需要或愿望”。[①] 在当代资本主义经济高度发达阶段，社会利益作为一种独立的、具体的利益形态已成为更多人的共识。不少人把社会公共利益视为“经济秩序”的代名词，认为公共利益就是指包括产业利益在内的国民经济的健康发展，或者指保护经济上的弱者。此外，维护社会公德、提供公共设施、保护环境生态等等都是社会的需要和公共生活的要求。以上内容都表达出这样一个社会事实——社会利益是一种独立的利益形态，有自己特定的利益主体和具体的利益内容。

#### 2.1.4.1 社会利益的主体和内容

社会利益的主体是公众，即公共社会。社会公共利益的主体既不能与个人、集体相混淆，也不是国家所能代替的，尽管社会利益表现在权利形式上，其主体可以是公民个人、法人、利益阶层或国家。作为社会利益主体的公共社会，它比社会学所谓的“群体”[②]、政治学所谓的“阶级”更为宽泛，它是由无数个体、群体组成的，每个个人和群体都是其中的分子，但又不同于个别的个人和群体。

关于社会利益的内容，在西方法学中，庞德关于社会利益的学说，是较为著名的。帕特森甚至推崇说，庞德的社会利益的学说，是他对法律哲学的“最重要贡献”，“他的关于社会利益的分类，看来包括了立法机关和法院在制定或解释法律时所必须考虑的全部公共政策，至少可以像门捷列夫的化学元素表所起的作用那样……”[③]

庞德将社会利益的具体内容分为6类。第一类是一般安全利益。这一利益在社会利益中居于首要的位置，包括保证社会秩序、制止暴力威胁、保护财产权等内容。第二类指社会组织安全运行的利益，如为了家庭组织的安全，就要制止破坏家庭和婚姻关系的行为。此外还

---

① 庞德. 法理学（第3卷）. 转引自沈宗灵. 现代西方法律哲学. 法律出版社，1983. 76

② 群体，在社会学上又称社会群体。按照《中国大百科全书（法学卷）》的释文，泛指通过一定的社会关系结合起来进行共同活动的集体。例如，以血缘关系结合起来的是氏族、家庭一类的群体；以地缘关系结合起来的是邻里、社区一类的群体；以业缘关系结合起来的则是各种职业群体。社会群体具有一些基本的特征，主要有——有联系的纽带；有共同的目标和活动；有群体规范；有群体意识。

③ 帕特森. 法理学. 美国 Foundation Press 公司，1953. 518. 转引自沈宗灵. 现代西方法律哲学.

要维护宗教组织、政治组织和经济组织的安全。第三类是一般社会道德的利益。即基于文明社会生活的要求，对一些触犯道德的行为进行制止，如禁止色情书刊画片、制止性关系方面的不道德行为等。第四类指保护社会资源的利益，既包括自然资源（森林、湿地、湖泊等）的保护，也包括对人力资源，特别是失业人员和残疾人等特殊人群的培训。第五类是文明社会一般进步的利益。如为了经济进步，就要保障财产自由、贸易自由、自由竞争以及反对垄断、鼓励发明等。为了政治进步，就要保证言论自由等。为了文化进步，就要鼓励科学研究自由、创作自由，发展教育等。第六类指个人生活方面的利益。如所有人都应该有参与政治、文化、社会和经济生活的公平机会，这就是个人机会的要求。再如，要保障每个人最低生活线和最低工资等①。

---

① 庞德在其著作《通过法律的社会控制》一书中，将社会利益划分为6类。其具体内容为：

（1）一般安全利益。这一利益在社会利益中居首位，是以社会名义并通过社会集团所提出的主张、需要和要求，保障不受各种威胁行为之害。包括：①不受外部和内部侵犯的安全（如杀人、伤害等）；②保健，这是随着现代对自然和疾病原因认识的提高而提出的利益；③和平与秩序，不仅指制止暴行，而且也包括防止噪声等；④法律行为的安全，包括契约的执行等；⑤保护财产权等。

（2）社会组织安全的利益。即文明社会生活要求社会组织的安全，不受威胁其存在或妨碍其有效运行的行为之害。包括：①家庭组织的安全，如制止影响家庭关系或破坏婚姻的行为；②宗教组织的安全，如制止渎神或伤害宗教感情的行为；但有时言论自由的利益优于这种利益；③政治组织安全，即维护国家及其各个部门，言论、选举自由，防止官员受贿等；④经济组织的安全，即制止影响工商企业安全的行为。

（3）一般道德的利益。即文明社会生活要求制止的触犯道德感的行为，如制止某些不诚实的行为、性关系方面的不道德行为、禁止色情书刊画片等。当然，守旧的道德观念有时会同新的社会经济条件下产生的观念，或新的宗教、哲学观念发生冲突。在这种情况下，必须在道德和进步这两种社会利益之间，以自由商讨的形式加以平衡。

（4）保护社会资源的利益。由于个人的愿望是无限的，而满足这些愿望的自然资源却是有限的，因而文明社会生活要求对于维持社会生存的财富不应加以浪费，对毁灭和破坏这些财富的行为应予制止。包括：①自然资源，即对森林、能源等的保护；②人的资源，如对失业和有缺陷的人的帮助和训练等。

（5）一般进步的利益。即文明社会生活要求人类力量以及人类对自然控制的发展，以满足人类需要，要求社会工程不断改进。包括：①经济进步，如财产自由、贸易自由、自由竞争以及反对垄断、鼓励发明等；②政治进步，包括言论自由等；③文化进步，包括科学研究自由、创作自由以及对文学艺术和教育的鼓励等。与文化进步利益密切联系的是美学环境方面的社会利益，这是近年来要求法律承认的一种社会利益，如关于广告牌以及城市规划的法律都关系到这方面的利益。

（6）个人生活方面的利益。即文明社会生活要求每个人都能根据当时社会标准进行生活；即使不可能使所有人都得到满足，至少也应尽可能合理地、在最低限度上予以满足。包括：①个人自我主张的利益，即身体、精神和经济活动方面的利益；②个人机会的利益，即在文明社会生活中，所有人都应有公正的，合理的（平等）机会，包括政治、物质、文化、社会和经济等方面；③个人生活条件的利益，即要求使每个人保证享有在当时当地条件下最低限度的生活条件。各州的最低工资法即其一例。

孙笑侠则认为，社会利益是公众对社会文明状态的一种愿望和需要，其内容也不是像人们所说的那样抽象得不可捉摸，它包括：（1）公共秩序的和平与安全；（2）经济秩序的健康、安全及效率化；（3）社会资源与机会的合理保存与利用；（4）社会弱者利益（如市场竞争社会中的消费者利益、劳动者利益等等）的保障；（5）公共道德的维护（这在任何市场经济国家及其任何发展阶段都显得特别突出）；（6）人类朝文明方向发展的条件（如公共教育、卫生事业的发展）等等方面①。

综上所述，社会利益的内容涉及众多的方面——经济秩序、社会公德、社会公共事业、资源的合理开发利用、个人机会公平及最低生活标准的保障、社会弱者利益保护等等，因此社会利益的内容就成为政府制定公共政策、立法机关或法院解释有关公共政策法律条文时所必须考虑的。当然，随着社会文明的进步，社会利益的内容也在不断地丰富和演变。从西方国家的社会经济发展来看，维护市场经济秩序和维护社会公德是其社会利益的基本内容。当前，随着可持续发展的思想被普遍接受并成为各国发展的基本战略，资源的可持续开发与利用以及经济、社会和环境的可持续发展无疑成为整个人类社会共同发展的需要，是一项重要的社会利益内容。

#### 2.1.4.2 社会利益的特点

社会利益具有整体性和普遍性两大特点。换言之，社会利益在主体上是整体的、而不是局部的利益，在内容上是普遍的而不是特殊的利益。例如，法律之所以对药品实行有别于其他产品更严格的管理制度，并不只是因为伪劣药品给某个个人造成危害，更不是因为个人身体健康比药厂集体利益更重要，而是因为药品潜伏着对所有的非特定的个人造成危害的可能性，这种个人利益具有社会普遍性，因而这也就成为社会利益而不仅仅是个人利益了。但集体利益却不然。药厂的集体利益相对于社会利益仍然是个体利益，不具有社会利益那种整体性和普遍性，是局部的、特殊的利益。再比如，我国《公司法》采取各国公司法之惯例，对股份有限公司规定了比有限责任公司更严格的

① 这是孙笑侠在《法的现象与观念》一书中，对于社会利益内容的观点。

成立条件和登记程序，以限制股份有限公司可能对社会利益的损害。这是因为前者涉及成千上万的股民们的利益，股民利益具有广泛的社会连带性，一旦出现股民利益的损害就会引起社会混乱，导致社会利益的损害。在我国城市规划建设领域，社会利益虽然不像药品管理和股份公司法律规范那样涉及生命安全和社会稳定，但同样具有整体性和普遍性的特点。比如，城市规划对于自然风景区的开发建设采取比其他地块开发更严格的管理办法，严格控制开发的范围、容积率、建筑高度、建筑风格等要素，以避免人工开发建设破坏自然环境的风貌和资源保存。法律之所以这样规范，是因为从社会文明发展的角度看，自然风景资源既不仅仅为其所在地的地方政府拥有，也不仅仅为其所在地的居民所拥有，而是为全人类所拥有。并且，从文明延续发展的角度考察，自然风景资源必须得到合理地保护和留存。

#### 2.1.4.3 社会利益保障——市场经济下的公平观

现代化的进程表明，随着人类社会经济的迅速发展及城市功能的日益复杂，社会利益作为一种独立的利益形态，逐步凸现，并已经成为社会共同关注的问题。诸如社会公德、自然资源与生态的保护、社会福利与社会救助、城市住房、城市公共设施配置等等，它们都是社会化所带来的新的利益内容。例如，原先计划经济下，我国实行单位福利分房。市场经济住房商品化改革后，居民住房问题就被推向市场，当前就有了面向低收入阶层的经济适用房建设问题。因此，人人享有合适的住房就成为一个具有一定社会连带效应的社会利益问题。

社会利益的形成必然伴随着利益保障的诉求。众所周知，市场机制是市场经济中配置资源的一种方式。而从配置资源的意义上讲，城市规划则是另外一种安排城市公共资源的方式。人们通过市场机制得到牛奶和面包，通过规划过程则获得居住、工作、交通、游憩的城市空间环境。但是，在城市公共资源的分配过程中，社会利益并不会自动得到保护，公平并不会自动得到实现。诺贝尔经济学奖得主布坎南（Jemes. M. Bachanan）认为：在市场里，人们会基于自利而追求自己的福益；就是在推崇民主和公正的政治过程中，这一规律也同样适用，因为谁都不希望把垃圾堆放在自己家的后院！“大家谁都不希望把垃圾堆放在自己家的后院”一句话就深刻地说明，人具有趋利避害的本性。自己的具体需要得到满足和具体利益不受到损害无疑是市场主体首位的选择，至于垃圾是放在邻居家的旁边，还是堆在公共空间而损害了公众的使用，那就不是市场主体所关心的。同样，在城市规划过程中，无论是市民、开发商、政府官员，还是地方政府，往往关注于自己的或地方的利益，而不会是虚无缥缈的“公共意志”和社会公共利益。

那么，社会利益应该由谁来保障？如何保障？这些问题将在下文中进行详细阐述。但毋庸置疑的是，在一个法治社会里，法律的社会利益保障原则是至关重要的。实践也证明，当今世界各国立法日益重视社会公共利益。孙笑侠等学者对157部宪法进行了调查，它们在社会利益方面的规定大量增加，其中涉及“公共福利”或“促进公共福利”等的规定，在被调查的157部宪法中有85个国家的宪法，占总数的59.5%；涉及“公共利益”或“一般利益”概念的有96个国家的宪法，占总数的67.6%[①]。我国现行宪法和法律早已把社会利益与国家利益、集体利益和个人利益加以并列使用，这可以说是对“社会利益”独立性的法律承认。比如，我国宪法规定，“中华人民共和国公民在行使自由和权利的时候，不得损害国家的、社会的、集体的利益和其他公民的合法的自由和权利（第五十一条)”，“中华人民共和国公民必须遵守宪法和法律……，遵守公共秩序，尊重社会公德(第五十三条)。”宪法还规定，“国家为了公共利益的需要，可以依照法律规定对土地实行征用（第十条第二款)。”这些规定都可以概括为法律的“社会利益原则”。

从法理上看，法律的社会利益原则是与公平的价值取向密切相关的。历史上，亚里士多德（Aristotle）就曾指出，“正义以公共利益为依归”，而“正义的本质是平等，也即相等的人就该配给到相等的事物。”[②] 孙笑侠认为，在我国实行市场经济的条件下，效率与公平的关系在利益结构上主要就表现为个人利益、集体利益和社会利益的关系问题。在市场经济的社会里，鉴于市场行为存在破坏社会公共利益的

① 资料引自孙笑侠. 论法律与社会利益——对市场经济中公平问题的另一种思考. 中外法学，1995（4）

② 转引自田成有. 西方法的正义价值与中国法的秩序追求. 北大法律网

不公平的负面效应，公平价值在市场经济社会中就具有特殊的内涵和重要的意义。今天所谈的“公平”，应当把它理解为对个体和集体自身效益极大化的市场行为的抑制和引导，以实现社会公共利益的保障。“兼顾公平”则应当理解为：在效率优先的前提下，不可忽视对社会公共利益的保障。他进而提出，社会公共利益受保障的程度如何是考察公平价值的具体指标之一①。因此，城市规划立法除了要保障城市资源的使用和分配效率外，更应该把保障社会利益作为公平价值取向的重要体现之一。

#### 2.1.4.4 城市规划的社会利益

城市规划领域中的社会利益有着特定的主体和内容，与一般社会利益一样，具有整体性和普遍性两个特征。社会利益的利益主体是指公众或公共社会，而不是部分人。社会利益的内容是公众普遍的利益需要，而不是特殊的个人利益或者某个集体的局部利益。城市规划的社会利益既不是国家需要所能完全代替的，也决不是全体市民个人利益的简单相加，不是杰里米·边沁（Jeremy Bentham）所宣称的“社会公共利益只是一种抽象，它不过是个人利益的总和”。因为，每个市民个人不可避免地存在价值观念的差异，他们的需要不可能完全相同。而且即使同一个人，在同一问题上也可能分属不同的利益群体（如在一个社区中规划一块公共绿地，作为社区的居民，某成员因环境改善而持赞同的意见，但他同时作为开发公司的法人，就可能因降低了开发利润而持反对意见）。所以，社会利益只能是城市规划和建设中，公众普遍的价值取向和利益选择，是全体市民对于城市环境当前的和未来的需要，是基于城市的可持续发展和社会文明的进步所提出的要求和愿望。

从法学上看，社会利益的内容在不同的社会关系领域或不同的法律部门，各有侧重，也各有其不同的表现。比如在劳动法和消费者法方面，因为劳动者相对于雇佣者（单位）、消费者相对于生产者，在有关信息（如所购买的商品的信息）、资金（如劳动者的劳动报酬）

① 这是孙笑侠在《论法律与社会利益——对市场经济中公平问题的另一种思考》一文中对社会利益和公平价值之间关系的观点。

掌握方面处于弱势的位置。所以，这里社会利益侧重指社会弱者的利益；在环境法和资源法方面，自然资源具有不可再生性和稀缺性，并为全人类所拥有。而资源的过度开发将极大地破坏人类赖以生存的环境生态。因此，社会利益的含义则侧重于社会资源的合理保存和利用；在刑法和治安法方面，社会利益的含义无疑是以社会秩序的稳定和安全为重点。

那么，在城市规划法所调控的城市规划建设领域，社会利益侧重表达的内容是什么呢？

总的来看，城市规划是在土地利用的基础上进行城市各类用地和各项设施的综合布局，城市规划法要调整的社会关系本质上就是这一资源使用过程中的利益分配关系。土地是一种公共的自然环境资源，而绿地、公园、各项公共服务设施及市政设施在本书研究中则称之为公共的人工环境资源，这两者都属于城市的公共资源。城市公共资源为公众所拥有，为全体市民所共享，在控制这些公共资源开发利用的城市规划过程中，各方的利益都要得到维护，社会公平无疑必须得到尊重和实现。因此，城市规划中的社会利益主要强调的就是城市公共资源的公平利用和分配。

## 2.2 城市规划法的价值分析

### 2.2.1 法律价值的利益分析路径

本书关于法律价值的社会学研究路径，是对社会学法学（主要指以庞德为代表的理论）研究方法论的借鉴和提取。本书关于法律价值的社会学研究方法包含着以下两个理论关系。

第一，“社会效果——利益”的法律价值分析路径。毫无疑问，法律的价值属于“应然”的研究范畴，是一种抽象的、理想的概念。在法学理论中，“应然”和“实然”，一个是探讨应该是什么样，理想的模式是什么，另一个则是研究实际是什么样的。同样，二者的研究方法往往也不一样，一个倾向于理性地抽象和逻辑思辨，一个则经常应用实证主义的研究方法。从现象和表面上看，“应然”和“实然”似乎是根本无法统一的两个理论阵营。但是，从社会法制发展的历史来看，法律价值等法的理想和法的社会实践之间却有着内在的、不可分割的关系，尽管法的“应然”和“实然”之间常常存在着偏离。因为，谁都无法否认 17、18 世纪古典自然法学家所阐述的代表人类理性、倡导自由、平等等精神的自然法，不也是为了迎接英国 1689 年的《权利法案》和法国 1804 年的《拿破仑法典》之类的实在法吗？再者，从法学理论上看，在庞德的社会学法学理论学说中，正是通过生动活泼的社会实践、以经验的方法来考察法律的价值取向和价值准则，从而使理论研究指向法律实践和法律改革的动机。在社会学法学关注法律社会效果的理论视角下，法律是一种社会控制的工具，实质上就是对人（主体）的本性和各种需求的控制和调整。主体的各种不同的需求就形成相互竞争和相互冲突的各类利益。法律对社会效果的关注就体现在法律对各种利益的承认、确定、保障、实现和制约，诸如承认什么利益，制约什么利益，优先保障什么利益等等。因此，一方面，法律确定了什么样的价值取向与准则，在法律实施和社会效果中，就体现为保障谁的利益和制约谁的利益，继而就落实在整个利益关系的调整中；另一方面，如果分析法律实施中业已形成的社会利益关系和利益格局，就能够获得法律价值基础的大概指向。当然，影响和决定社会利益结构的因素，除了法律规范作用外，还包括历史的因素（因为法律一般滞后于社会现实）、社会的因素和政治制度的因素等。

第二，“利益——法定权利”的法律价值实现关系。一旦有了利益这个分析中介，抽象的价值在法律上就有了确定的实现途径。庞德认为，法律保障利益、实现社会目的的途径是：（1）承认某些利益，个人的、公共的和社会的利益；（2）确定应予承认的利益，并通过司法和行政活动加以实现；（3）力求保障在划定范围内所承认的利益。① 对此，德国法学家耶林（Rudolf von Jhering）的解释是，权利就是法律所承认和保障的利益②。其实，在日常用语中我们常常把

① 庞德. 法理学（第 3 卷）. 转引自沈宗灵. 现代西方法律哲学. 法律出版社，1983. 76

② 耶林（1818—1892 年），德国法学家。主要著作有《为权利而斗争》（1872 年）、《罗马法在其各个发展阶段中的精神》（1852—1865 年）和《法的目的论》（1877—1883 年）等。耶林法律思想的哲学基础是功利主义的，他认为，法的目的就是指利益，法律权利就是指法律上被保护的利益。他还强调社会利益保护，或社会利益和个人利益的结合。耶林的学说对于 19 世纪末德国的立法以及西方法学，尤其是社会法学，具有相当大的影响。

“权利”和“利益”简称为权益，可见法律上权利和利益这两个概念有着密切的联系。权利就是法律所承认和保护的利益，比如国家或社会的权利，代表着国家或社会的利益，却并不代表个人的利益。而反过来看，社会中存在的利益并不都是权利，只有法律所承认和保障的利益才是法律意义上的权利。这样分析看来，法律价值的实现可以通过这样的路径：首先分析和确认法律价值所指向的利益保障和利益结构，继而将要保障的利益转化为法律上的具体权利。我们知道，法律权利的运行并不是在真空中，而是在复杂和不断变化的社会现实中，法律所保障的权利是否能够完全地、真正地实现，还会受到许多社会现实的制约。这样就不难理解应然与实然、法律理想与法律现实之间的差距和距离。尽管如此，将所指向的利益转化为法律权利仍然为法律价值的实现开创了道路。

### 2.2.2 利益的概念、一般分类及特点

#### 2.2.2.1 利益的概念

利益是什么？

简要的、通俗的解释是“好处”，而且这种好处是满足主体某种需要或愿望的。对这一点，从“利益”这个概念的文字源头可以看得很清楚[①]。因此，从对主体的意义角度考察，利益具有一种有利的、积极的属性，这是客观的，伴随着社会发展而存在着。同时，由于对主体具有积极的意义，主体对利益的追求又是本能的、强烈的和永恒的。

《中国大百科全书·哲学》对于“利益”的解释是“人们通过社会关系表现出来的不同需求。”这一解释指出了利益的社会关系属性，这种属性包括两个方面。一方面，任何主体（个人、企业、团体和机构，如工会、公民倡议组织、大众传媒、村社、政府和国家，以下同）都不是孤立存在的，在追求利益的过程中，必然要和其他主体发

① 在中国最早的文字甲骨文中，“利”是个会意字：左边的“禾”字是个象形字，描摹一株果实饱满、枝头低垂的植物；右边是个象形的“刀”字。在早期农耕社会的农业生产中，农夫用锋利的农具，收割成熟了的庄稼，或者采集饱满的果实。因此，“禾”部与“刀”部“会意”的结果就是“利”，意指主体占有和享用着对自己有利的外界对象。后来，在很长的历史阶段上，“利”一直作为单音词，用来表明现代意义上的“利益”这个概念；只是到了近代之后，才形成了“利益”这个双音词。

生联系，进行合作或竞争；其二，利益的这种社会关系属性首先表现为经济关系属性，即一定社会的经济关系决定着利益的产生、发展和演变，决定着利益的社会历史内容。比如，原始社会的人绝对不会产生对汽车、移动电话和计算机的需求。换言之，利益的内容总是随着社会经济发展不断变化的。

庞德在论述法律作为社会控制的一项工具，强调法律所要促进的社会目的时，对于“利益”概念的解释是“人们，个别地或通过集团、联合或关系，企求满足的一种要求、愿望或期待；因而利益也就是通过政治组织社会的武力对人们关系进行调整和对人们的行为加以安排时所必须考虑到的东西。”[①] 因此综上所述，从法律调整社会关系的角度看，利益是法律确立价值取向过程中必须面对和思考的问题，诸如基于趋利避害的本性主体具有追求利益的本能，利益的社会关系属性（特别是经济关系属性），利益内容的历史性和社会性等等，都是法律制定和实施中要考虑的内容。

#### 2.2.2.2 利益的一般分类及相互关系

利益作为法律价值分析的媒介，其一般分类是一个重要的理论基础。利益的形成离不开主体，主体的积极主动的活动，以及外界对象，这是利益的三个基本要素。利益的分类可以从主体、外界对象以及它们之间的运动这三个方面来把握。

从主体角度出发，庞德对各种利益进行了分类，划分出个人利益、公共利益和社会利益三大类。“个人利益是直接从个人生活本身出发，以个人生活名义所提出的主张、要求和愿望。公共利益是从政治组织社会生活角度出发，以政治组织社会名义提出的主张、要求和愿望。社会利益是从社会生活角度出发，为维护社会秩序、社会的正常活动而提出的主张、要求和愿望。”[②] 因此，庞德从主体结构角度实际把利益划分为个人利益、国家利益和社会利益。张国钧在《邓小平的利益观》一书中指出，我国传统法学理论与实际立法通常都将国家的、集体的和个人的三者利益并列在一起提出，因此主体依规模、层

① 庞德. 法理学（第3卷）. 转引自沈宗灵. 现代西方法律哲学. 法律出版社，1983. 76

② 同上。

次、结构等不同，一般区分为三大形态：个人、集体和国家[①]。在这三类主体形态中，不同的“集体”在规模、层次、结构等方面颇为悬殊，是一个比较特殊的、涵括范围比较大的形态。如一个学生小组和一所几万人的大学、一个职工小组和一家企业集团、一个社区和一个省之间，尽管它们都属于集体的范畴，但其中的差异非常大，对它们当然不宜一概而论。从“国家”这一主体形态看，在今天全球一体化的背景下，对某些利益问题（如全球温室效应与环境保护，可持续发展，反对恐怖主义，经济成长，打击贩毒活动等等），又常常超出国家的范围，只有从全球和全人类的意义上，才能分析和解决。这时，各个民族国家又成了集体，人类则成为范围最大、结构最复杂、层次最高的主体。而且在今天，确实有许多难题必须从人类发展和社会需要的角度考虑，才有可能得到解决。基于这样的分析，张国钧把主体划分为三个层次：个人、集体和社会。与此相一致，利益从主体结构上就划分为个人利益、集体利益和社会利益。孙笑侠则认为，在利益分类中，社会利益与个人利益、集体利益、国家利益四者是并列关系。这一认识与我国相关的法律确认是一致的。《中华人民共和国宪法》第五十一条规定，“中华人民共和国公民在行使自由和权利的时候，不得损害国家的、社会的、集体的利益和其他公民的合法的自由和权利。”

从客体结构角度看，主体在追求和实现利益的过程中，必然指向外界对象。外界对象有物质的、精神的和政治的（沈宗灵，1994；张国钧，1998）。因此，从客体方面看，利益可以划分为物质利益、精神利益和政治利益。沈宗灵强调指出，物质利益就是经济利益，它是社会经济关系的表现。正如恩格斯所讲的，“每一个社会的经济关系首先是作为利益表现出来，”封建主、资产阶级和无产阶级之间的阶级斗争，“首先是为了经济利益而进行的，政治权力不过是用来实现经济利益的手段。”[②]

从主体和外界对象相互作用角度看，利益的产生和形成是一个不

① 根据分析，国家、集体和个人这三个主体形态的划分是与我国当时的三种所有制形式（国有经济、集体经济和个体经济）一致的。毛泽东同志也在《论十大关系》一文中曾说“必须兼顾国家、集体和个人三个方面。”

② 《马克思恩格斯选集》第4卷. 246. 转引自沈宗灵. 法理学. 高等教育出版社，1994. 50

断在时间维度上和空间维度上拓展的过程，从而形成了利益的时空结构。在时间维度上，有眼前利益和长远利益；在空间维度上，有局部利益和全局利益（也称整体利益）之分。

以上是从主体、客体和主客体之间的关系来对利益进行分类，当然，人们对利益进行分类通常使用的方法大多还是从主体结构的角度出发，即把利益划分为个人利益、集体利益、国家利益和社会利益。此外，在研究法律与利益的关系时，还可以把各类利益划分为合法利益、非法利益和法律不加过问或法律地位不明确的利益①。

综合以上中外学界关于利益分类的各种观点和现代社会利益关系的发展趋势，个人利益、集体利益、国家利益和社会利益之间的关系有三点值得注意。其一，“从主体上看，个人利益、集体利益和社会利益三者是统一的。但同时，在历史实践中，这三者之间又有很大竞争和矛盾，有时甚至演化为剧烈的冲突。但是，正是通过矛盾和种种冲突对抗，才为三者的统一开辟着道路。”② 换言之，不同利益之间的竞争是客观存在的，没有冲突，就没有统一。其二，在个人利益与集体利益、社会利益、国家利益的关系中，后三类利益并不是凌驾于个人利益，更不能代替前者。相反，集体利益、社会利益和国家利益存在和发展的目的，归根结底在于个人利益的实现。离开了个人利益，离开了社会个体对于自身需要的积极追求，前者就成了无源之水、无本之木。但是在原先计划经济体制下，个人的要求和愿望被忽视、被扼杀。而在市场经济条件下，从西方国家的情况看，对个人从个人人格到家庭关系到个人经济活动的利益的保障，可以说构成了整个社会经济组织的基础③。其三，社会公共利益的法律保障需要凸显，成为各国立法极为重视的社会问题。随着城市经济发展和社会进步，原先

---

① 合法利益，就是法律既承认又加以保障的利益；非法利益即为法律所不予承认或反对的利益；至于何为法律不加过问或法律地位不明确的利益，沈宗灵认为，比如人们友谊关系中所产生的利益，一般是法律不加过问的。利益法律地位不明确的原因则比较复杂，法律不完备可能是其中之一。

② 张国钧. 邓小平的利益观. 北京出版社，1998. 2~3

③ 西方个人利益保障的范围广泛，诸如保障人的身体和健康方面的利益；保障个人意志自由行使的利益；保障个人的名誉的利益；保障父母亲、子女、丈夫、妻子的利益；保障个人的契约自由和从业自由的主张；外人不得干预自己与他人之间经济利益关系的主张等等。庞德认为，以上保障个人物质利益和个人主张在法律上的承认，是美国社会经济组织的基础。

计划经济下不被重视、甚至是被国家需要代替的社会利益，已经成为一种具有特定主体和特定内容的独立的利益形态。比如，保护环境、保护大气层、保障城市居者有其屋、禁止毒品和黄色文化的传播等领域，就是人类共同发展的需要，是社会的公共利益。

#### 2.2.2.3 利益的主要特点

利益具有开放性、约束性和刚性三个重要特点。其一，利益的开放性是因为主体的需要是个无限开放的系统，而各种资源总是有限的，与需要的无限性之间形成了尖锐的矛盾，由此利益就具有很强的开放性——利益就像一个永不安分的“精灵”，它会永无止境的向外、向上扩张。其二，基于开放性，利益总是通过不断扩张的过程实现着利益的增长和增殖。与此同时，为了使利益的增长和增殖指向社会利益（长远利益、全局利益、根本利益），又必须把利益追求规范在一个趋近理性、合理的范围内。这就是利益的约束性。利益约束是最重要的约束之一。而其他形式的约束大多总要归结到利益约束。比如纪律约束、经济制裁、行政处罚、法律制裁以至军事强制等形式的约束之所以能够奏效，在根本上是由于使被约束者承担利益上的损失，即那种约束在本质上是利益约束；由于利益的约束，大多数情况下，任何主体都会极力避免利益的损失，因而会自觉地接受约束，使外部的约束成为自己内在的约束。这就是利益的约束性。其三，利益的刚性，是指特定主体的利益和整个利益分配的格局，其数量、结构、实效性等指标在外界的作用下，伸缩变化的可能性、特别是被压缩和减少的可能性很小。在实际生活中，利益的变化表现出来的主要是刚性，而不是弹性。由于既得利益具有很强的刚性，所以一定的利益关系一旦形成，在正常情况下就很难改变，而必须通过大规模的社会改革①。

---

① 例如，我国住房制度改革中通过福利分房，职工的既得利益就非常强大，由此在一定程度上也阻碍了住房商品化改革的进程。截止到1995年底，一方面全国城市居民中有325万户住房很困难，人均居住面积不到4$m^2$，危旧住房达3340万$m^2$，急需改造；另一方面由房地产开发商开发的商品房空置积压高达5031万$m^2$，比1994年增加52.99%，其中商品住宅空置积压率是77.15%，达到3880万$m^2$，而且93.22%是普通住宅，多达3618万$m^2$。解释这个住房市场上的怪圈，原因是多方面的，有房价太高，而居民收入较低，难以一次性支付的原因；还有金融、税收等改革政策不配套等等；当然，住房方面既得利益的作用也是不可忽视的——已经分得福利房的，当然不会进入商品房市场；没有的也寄希望搭上最后的“政策便车”。

#### 2.2.2.4 利益的动力作用

“利益的社会作用是多方面的，其中首要的一点是动力作用，即利益是社会发展的动力。”[①] 社会发展的动力是一个很复杂的系统，而启动这个复杂系统的往往是主体的利益追求。主体对利益的追求是自觉的、自发的，而且是永恒的，因为主体的生存和发展是客观和必然的。当然，利益追求并不会完全自由、无拘无束，而是会受到社会调控或制约，会被加上一个“力矩”。因此，利益追求的动力作用是强是弱、是好是坏，还取决于在遵守法律的范围内，在其他因素（包括法律）的制约下，利益追求能不能真实地反映出来。利益追求与其制约因素之间，如果一致，则可以有效的节约成本；反之，如果不一致，利益就会遭到漠视、甚至否定。在实际生活中，忽视和扼杀利益追求完全是一种消耗，既增大了成本，又降低了效率。我国在完全计划经济时期对个人利益追求的抹杀所造成的经济发展后果，就是一个生动的说明。当然另一方面，一些制约因素作为社会生活的调控机制之一，总要对社会生活起引导、规范、调整、校正等等作用。但是，如果背离了利益追求，甚至凌驾于其上，那就会使调控机制的运行缺乏相应的支持，也会遇到诸多阻力。从这种意义上说，法律不仅要调整利益关系，本质上还要保障基于一定价值取向的利益追求发挥最大的作用，这里面就有一个平衡的问题。就像开发商的行为，他活跃了城市的房地产市场，从税收等方面支持城市经济的发展，开发商对利润的利益追求无疑具有积极作用的一面。但是，开发商的利益、开发商利益对公众利益的侵害又必须被控制在一定的范围内，规划法就要研究这个范围是什么，以什么价值准则进行控制。这个问题将在下文关于控制开发商影响政府规划决策中进行讨论。

### 2.2.3 城市规划法的价值分析

从纵向上来看，在我国城市规划立法进程的历史断面上，以1990年《中华人民共和国城市规划法》实施为标志，1980年代至1990年代初期是规划集中立法时期。而市场经济改革恰恰是从1990年代初

① 张国钧. 邓小平的利益观. 北京出版社，1998. 2～3

期开始的。本文研究认为，关于我国城市规划法的价值研究必须走理论联系实际的道路，即在由完全计划经济走向市场经济的巨大社会经济改革和社会转型背景下，研究计划经济影响下《城市规划法》传统的价值基础是什么，在改革中原有的价值基础面临着怎样的挑战，应该如何进行调适。具体思路为：

第一，分析计划经济影响下，城市规划建设领域的利益关系，结合《城市规划法》的立法目的推演我国规划法价值的原先定位。

第二，分析从 1990 年代初期至今，在我国实行市场经济改革、特别是土地有偿使用制度、住宅商品化和城市建设投资体制多元化改革的背景下，城市规划建设领域利益形态的此消彼长和利益结构的矛盾。在此基础上，研究我国规划法传统价值取向所面临的困惑和挑战。

第三，基于当前城市规划建设已经形成或稳定存在的利益形态和利益结构，以及它们所形成的利益关系的发展态势，结合城市规划法的价值理论，研究规划法价值如何进行调适。

# 3

# 我国城市规划法价值的传统定位

循着本书研究的方法论和法律价值的社会学分析路径，本章拟通过分析计划经济影响下城市建设领域的利益主体和利益关系，看一看谁的利益得到了保障，谁的利益得到了实现，谁的利益又被忽略了，它们之间的利益关系是怎样的，以此来剖析和认识我国城市规划法价值的传统定位。这里所谓“传统”的时间界定是指从建国初到1990年代初期。这样界定有两个方面的原因。一方面，从大的时代背景来看，始于1970年代末的中国经济改革经过十几年的逐步摸索，是在1992年党的十四大上才明确提出了建设社会主义市场经济的改革目标。以此为转折，经济改革开始从根本上摆脱计划经济的影响，向纵深推进，特别是2001年中国加入WTO以后，中国的经济和社会正在发生着剧烈的变革。因此，1990年代初期应该成为我国由传统计划经济走向市场经济改革的时间分水岭。另一方面，从城市规划立法的历史发展来看，规划第一部核心法律——《中华人民共和国城市规划法》是在1990年4月1日开始实施的，其他配套的法规规章基本是在1980年代末和1990年代初制定颁布的（详见以下的立法回顾）。围绕《中华人民共和国城市规划法》制定和实施前后，形成了我国规划立法的一个繁荣时期。这一时期制定颁布的规划法律法规（包括中央层面和地方层面）反映的应该还是市场经济深度改革前城市规划建设领域的利益关系，相应的，规划法的价值基础无疑还是传统计划经济影响下的社会利益结构。

藉此，本章研究有两个假设条件。

第一，从1980年颁布的《中华人民共和国城市规划编制审批暂行办法》（已废止）、1984年颁布的《城市规划条例》（已废止）到1990年颁布实施的《中华人民共和国城市规划法》，目前以《城市规划法》为核心的我国城市规划法律法规直接或间接地受到了计划经济的影响，其价值基础体现了计划经济下城市建设领域的利益关系。此假设形成的原因有三点。其一，在我国，计划经济的影响极其深远，城市规划的立法也不例外。仇保兴认为，“我国《城市规划法》也因首次颁布仍然具有单一宣言法的倾向及计划经济的影响，有许多方面亟待修正和完善。”[①]；其二，始于1970年代末、1980年代初的中国改革开放采取的是“摸着石头过河”的渐进方式，先在农村试验，直至1980年代后期改革才转向城市，而社会主义市场经济的改革目标是在1992年才确立的。这样，在规划法律法规集中制定颁布的整个1980年代和1990年代初期，经济改革对城市建设触动所引发的社会关系的本质变化并没有显现出来；其三，从法理学上看，法一般都滞后于社会现实的诉求。著名法学家博登海默（E. Bodenheimer）指出，“法律的时滞问题会在法律制度的不同层面表现出来。”“法律的这些缺陷，部分源于它所具有的价值取向，部分源于其形式结构中所固有的刚性因素，还有一部分则源于与其控制功能相关的限度。”[②]

第二，在本书研究中，城市规划法面对的调控范围是城市规划建设领域。本书中的“城市规划法”是一个宽泛的概念范畴，包括《城市规划法》及相关的配套法规[③]，它们所调整的各类规划行为直接地或间接地涉及到城市建设的方方面面内容。一般来说，城市建设的内容主要包括市政工程建设、住宅建设与旧城改造、环境保护建设、园林绿化建设、市容环境卫生建设、邮政通信建设、给水工程建设、燃气工程建设和公路建设等。而市政基础设施规划、能源建设规划、综合交通规划、环境卫生规划、环境保护规划、包括住宅区在内的各类详细规划、历史文化名城保护规划、城市防灾减灾规划和村镇规划等，都是城市规划法规范到的内容，这些规划内容基本都与城市建设的方方面面面发生着或直接或间接的关系[④]。

---

① 仇保兴．追求繁荣与舒适——转型期间城市规划、建设与管理的若干策略．中国建筑工业出版社，2002．28

② 博登海默（E. Bodenheimer）．法理学：法律哲学与法律方法．邓正来译．中国政法大学出版社，1998．402～403．转引自张兵．渐进的规划制度改革面临的出路．城市规划，2000（10）

③《中华人民共和国城市规划法》（1990年）是规划领域的核心法，它原则性规范了规划的主要制度框架；配套法规是在核心法原则性内容的基础上，对规划的某个环节作出具有操作性的具体规范，如《城市规划编制办法》、《村庄和集镇规划建设管理条例》等等。

④ 一方面，城市规划法规范的内容可以说涉及整个城市建设领域；另一方面，城市建设领域却是由城市规划法、土地管理法、房地产开发管理法、环境保护法及城市绿化、市容环境卫生、道路管理的有关条例从不同的侧面来共同规范各类建设活动。

## 3.1 立法过程与价值体现

城市规划法是应用性很强的法律领域，直接面对并规范各类城市规划和建设行为。本节拟通过对规划立法过程及主要立法内容的分析，考察我国城市规划法在实用性方面的价值表现。这里回顾我国城市规划的立法过程，并不是做一本在什么时间立了什么法的“流水账”，而是要关注在某些特定时间阶段上，我国社会经济的大背景是什么样的？当时是什么样的城市规划与建设实践的需要及法律诉求推动了城市规划的相应立法？立法的重点又是什么？

### 3.1.1 立法回顾

从世界范围来看，西方现代城市规划立法始于20世纪初。尽管有关城市住房和公共卫生的立法，早在英国资产阶级工业革命后就已出现，如1875年的公共卫生法（《Public Health Act》，1875年），1875年和1890年的住宅改善法（《Dewellings Improvement Act》，1875年，1890年）。但从严格意义上讲，第一部现代城市规划立法是英国1909年的住宅、城市规划法（《The Housing，Town Planning，etc Act》，1909年）。此后，城市规划逐渐成为西方国家政府的一项法定行政职能，城市规划法律制度不断发展，至二次世界大战以后，西方发达国家的城市规划法律制度基本上进入了体系完善、相对稳定的时期。

我国城市规划立法的发展是与规划在整个社会经济中的地位和所发挥的作用紧密联系的。尽管我国在1939年制定了现代历史上的第一部城市规划法——《都市计划法》①，但新中国成立后，伴随着国家政体的根本转变，没有延续发展这些早期的规划立法，而是转向苏联，学习并借鉴其规划制度的经验和模式。正如赵士修所说的，“‘一

① 我国在进入近代社会之后，开始学习西方社会经济发展中先进的思想和制度，同时也逐步引进西方城市建设中的城市规划方法和理念，一些大中城市相继编制了规划。1939年的《都市计划法》就沿用了西方国家城市规划的基本理念，对现代城市规划的内容等方面作了基本的界定。

五’期间，我国的经济建设缺乏经验，各行各业学习苏联。城市规划也不例外，从规划理论、规划程序、规划方法以及技术标准等都全面学习苏联。”① 刘诗询也认为，“从我们今天执行的规划编制办法中，仍可清楚地看出前苏联规划模式的痕迹。”“建国 50 多年来，我国的城市规划工作曾先后接受、吸收了原苏联和西方发达国家两个方面的经验。”② 因此，我国城市规划的建立与发展受到前苏联计划经济体制模式的深刻影响。此后，随着我国改革开放，打开国门，西方现代城市规划的一些理论、方法和立法情况开始被介绍进来。“进入 1980 年代，即改革开放以来，我们通过走出去、请进来和大量引入西方规划信息等方式，又学习了不少有关市场经济条件下的规划理论与方法，从而不断丰富改进了我们自己的规划实践。”③

那么从建国初到 1990 年代初期，我国城市规划及规划立法的发展是一个什么样的具体过程呢？

“一五”期间，在尽快实现国家工业化的战略方针指导下，配合“156”项重点工程建设，在苏联专家的帮助下，国家重点规划和建设了兰州、西安、洛阳、包头、武汉、成都、太原、株州、大同等一批工业城市。此后，一些省会城市也陆续编制了总体规划。这一时期的城市规划，在配合国家工业化战略、指导城市建设、发展经济等方面发挥了积极的作用，这是新中国城市规划从无到有逐步建立起来、发展比较顺利、比较有成效的时期。这一时期通常被业界称之为城市规划的第一个“春天”。

1950 年代末期，特别是“大跃进”以后，不注重科学研究，不按客观规律办事的态势愈演愈烈。“文革”期间，我国整个社会经济发展到了崩溃的边缘，城市规划和城市建设也同样遭受了一场空前的浩劫。搞城市规划被说成搞修正主义，规划管理被说成是“管、卡、压”，建设城市被说成是扩大城乡差别。在这 10 年中，城市规划机构

---

① 赵士修. 我国城市规划两个“春天”的回忆. 见：中国城市规划学会主编. 五十年回眸——新中国的城市规划. 商务印书馆，1999. 16

② 刘诗峋. 启蒙老师不能忘. 见：中国城市规划学会主编. 五十年回眸——新中国的城市规划. 商务印书馆，1999. 142～143

③ 刘诗峋. 启蒙老师不能忘. 见：中国城市规划学会主编. 五十年回眸——新中国的城市规划. 商务印书馆，1999. 142～143

被撤销，队伍被解散，规划管理被废弛。

改革开放以后，随着国家把工作重点转移到经济建设上来，与经济发展密切相关的城市建设和规划重新得到重视。1978年，国家召开了第三次全国城市工作会议①，重新提出了“认真抓好城市规划工作”的任务。根据这一精神，原国家建委于1980年召开了全国城市规划工作会议。会议明确了城市规划在指导城市建设、引导城市发展方面的重要作用，指出城市规划工作关系到城市的全局和长远发展，是城市建设工作的一个极其重要的组成部分。城市市长的主要职责，是把城市规划、建设和管理好。同时，还制定了城市规划的一系列方针和政策，包括城市发展指导方针②、城市性质的确定、城市规划的编制审批和管理以及城市规划队伍建设和人才培养等等。这次会议还讨论了《中华人民共和国城市规划法（草案）》。同年12月，国务院在批转全国城市规划工作会议纪要中明确指出：“为了彻底改变多年来形成的只有人治，没有法制的局面，国家有必要制定专门的法律，来保证城市规划稳定地、连续地、有效地发展和实施”。应该说，这次会议是我国城市规划发展历程中的一次意义重大的会议，它标志着我国城市规划的“第二个春天”的到来，同时也为规划立法的开展奠定了政策基础。

随后，1980年，原国家建委颁发了《中华人民共和国城市规划编制审批暂行办法》和《城市规划定额指标暂行规定》。1982年，原城乡建设环境保护部将《城市规划法（送审稿）》报送国务院。鉴于当时改革的重点还在农村，城市中一些重要的社会经济关系和行政管理体制有待通过实践进一步理顺，1983年12月，国务院决定先以行政法规的形式付诸实施。1984年1月5日国务院颁布《城市规划条例》，第一次以国家行政法规的法律形式对城市规划的内容、城市规划的制定与审批、土地使用的规划管理和各项建设的规划管理予以规范。

十二届三中全会后，我国经济体制改革由农村转移到城市。城市

① 新中国成立后，第一次和第二次全国城市工作会议分别于1962年和1963年召开。

② 即“严格控制大城市规模、合理发展中等城市和小城市”的方针，这一方针后来作为一个条款被写进了《城市规划法》（1990年）。

经济改革中，中央在财政、税收、金融及投融资等方面对地方予以放权让利，这一系列政策措施激活了地方政府的积极性和发展的自主权。伴随着城市经济的重新繁荣，大规模的城市建设活动及其过程中所发生的法律保障诉求极大地推动了中央和地方的规划立法进程。1989 年 12 月 26 日，七届全国人大通过并正式颁布了《中华人民共和国城市规划法》（以下简称为《城市规划法》），并于 1990 年 4 月 1 日起施行（国务院颁发的《城市规划条例》同时废止）。这是我国城市规划领域的第一部国家法律，标志着我国城市规划体系[①]开始建立以及规划法制建设的加强。此后，从中央到地方的规划配套立法不断加强。

表 3－1 汇总了从 1980 年到 2002 年我国中央和地方两个层面的规划立法进程，包括了中央层面制定颁布的规划法律、行政法规、部门规章，地方层面制定颁布的地方性法规和政府规章。其中，1980～1992 年间基本以建设部编辑的城市规划管理法律法规汇编及地方法规汇编为基础，资料相对充实。而 1993 年迄今，对中央规划立法尚可把握，但由于缺少统一的针对地方法规的汇编，各地方规划立法的情况只能通过地方自己编纂的相关资料获得。尽管如此，由于 1993 年迄今的地方规划立法基本是以《城市规划法》为指导进行的，因此，透过表 3－1，还是基本能够管窥我国中央和地方规划立法的发展历程和发展轨迹。

**我国城市规划立法列表（中央和地方）　　表 3－1**

| 颁布时间 | 法律 | 行政法规 | 部门规章 | 地方性法规 | 地方规章 |
|---|---|---|---|---|---|
| 1980.12 | | | 城市规划编制审批暂行办法 | | |
| 1980.12 | | | 城市规划定额指标暂行规定 | | |
| 1980.10.20 | | | | | 上海市建筑管理办法（试行） |
| 1980.10.20 | | | | | 上海市基本建设征用土地管理办法 |
| 1981.4.23 | | | | | 兰州市城市规划和建设管理试行办法 |

① 依据全国注册城市规划师执业考试指定用书之一——《城市规划原理》（2000 年版），一个国家的城市规划体系包括规划法规、规划行政和规划运作（规划编制和开发控制）三个基本方面。

续表

| 颁布时间 | 法律 | 行政法规 | 部门规章 | 地方性法规 | 地方规章 |
|---|---|---|---|---|---|
| 1981.5.22 | | | | | 湖北省城市建设管理条例（试行） |
| 1981.10.23 | | | | | 上海市管线工程管理办法（试行） |
| 1982 | | | 城市园林绿化管理暂行条例 | | |
| 1982 | | | 市政工程设施管理条例 | | |
| 1982.6.26 | | | | | 深圳市城市建设管理暂行办法 |
| 1982.3.28 | | | | 河北省城市规划条例（试行） | |
| 1984.1.5 | | 城市规划条例 | | | |
| 1984.2.10 | | | | | 北京市城市建设规划管理办法 |
| 1984.3.6 | | | | | 抚顺市征收城市土地使用费暂行办法 |
| 1984.8.1 | | | | | 沙市市城市规划管理实施细则 |
| 1985.4.8 | | | | | 上海市建筑工程执照收费实施办法 |
| 1985.6.7 | | 风景名胜区管理暂行条例 | | | |
| 1985.7.1 | | | | | 牡丹江市城市（镇）规划管理暂行办法 |
| 1986.9.6 | | | | | 温州市城市规划管理规定 |
| 1986.9.6 | | | | | 温州市违章建筑处理暂行办法 |
| 1986.11.18 | | | | 广州市城市规划管理办法 | |
| 1987.2.17 | | | | 兰州市制止和处理违章建筑暂行办法 | |
| 1987.3.25 | | | | | 北京市人民政府关于在城市道路两侧和交叉路口周围新建、改建建筑工程的若干规定 |
| 1987.4.2 | | | | | 南京市城市建设规划管理暂行规定 |
| 1987.6.15 | | | | | 石家庄市城市建设规划管理办法（试行）实施细则 |
| 1987.7.24 | | | | | 江西省关于加强城市建设工作的若干规定 |
| 1987.9.10 | | | | | 北京市城市建设工程规划管理审批程序暂行办法 |
| 1987.9.10 | | | | | 北京市关于审定城市建设工程设计方案和核发建设工程许可证工作周期的规定 |
| 1987.11.23 | | | | | 保定市城市规划管理实施细则 |
| 1987.12.1 | | | | | 北京市文物保护单位保护范围及建设控制地带管理规定 |
| 1987.12.16 | | | | | 吉林省人民政府关于城乡建设若干问题的暂行规定 |
| 1987.12.21 | | | | | 广州市城市规划管理办法实施细则 |
| 1988.1.14 | | | | | 天津市建筑规划管理细则 |
| 1988.1.14 | | | | | 天津市工程管线规划管理细则 |
| 1988.1.14 | | | | | 天津市违章建设处理细则 |

续表

| 颁布时间 | 法律 | 行政法规 | 部门规章 | 地方性法规 | 地方规章 |
|---|---|---|---|---|---|
| 1988.3.1 | | | | | 北京市城市建设临时用地和临时建设工程管理暂行规定 |
| 1988.3.1 | | | | | 北京市城市建设工程许可证执照费暂行办法 |
| 1988.5.26 | | | | | 廊坊市城市规划管理实施细则 |
| 1988.6.7 | | | | | 上海市管线工程规划管理办法 |
| 1989.6.22 | | | | 上海市城市建设规划管理条例 | |
| 1989.12.26 | 中华人民共和国城市规划法 | | | | |
| 1990.6.18 | | | | 南京市城市规划条例 | |
| 1990.7.25 | | | | 大连市城市规划管理条例 | |
| 1990.10.28 | | | | 江苏省实施《中华人民共和国城市规划法》办法 | |
| 1990.11.24 | | | | 吉林省城市规划条例 | |
| 2001.6.13 | | 城市房屋拆迁管理条例 | | | |
| 1991.8.23 | | | 建设项目选址规划管理办法 | | |
| 1991.9.3 | | | 城市规划编制办法 | | |
| 1991.1.12 | | | | 新疆维吾尔自治区实施《城市规划法》办法 | |
| 1991.1.19 | | | | 贵州省《城市规划法》实施办法 | |
| 1991.5.28 | | | | 四川省《城市规划法》实施办法 | |
| 1991.5.30 | | | | 武汉市城市规划管理办法 | |
| 1991.6.8 | | | | 河北省城市规划条例 | |
| 1991.6.28 | | | | 福建省实施《城市规划法》办法 | |
| 1991.7.27 | | | | 陕西省实施《城市规划法》办法 | |
| 1991.8.30 | | | | 安徽省实施《中华人民共和国城市规划法》办法 | |
| 1991.8.31 | | | | 山东省实施《中华人民共和国城市规划法》办法 | |
| 1991.9.19 | | | | 山西省实施《中华人民共和国城市规划法》办法 | |
| 1991.10.25 | | | | 甘肃省实施《城市规划法》办法 | |
| 1991.12.18 | | | | 河南省《城市规划法》实施办法 | |
| 1991.12.21 | | | | 天津市城市规划条例 | |
| 1992.1.21 | | | | 浙江省实施《城市规划法》办法 | |
| 1992.7.24 | | | | 北京市城市规划条例 | |
| 1992.7.27 | | | 城市规划编制单位资格管理办法 | | |
| 1992.3.20 | | | | | 福州市城市规划管理暂行办法 |
| 1992.10.9 | | | | 湖北省实施《中华人民共和国城市规划法》办法 | |
| 1992.12.4 | | | 城市国有土地使用权出让转让规划管理办法 | | |
| 1993.6.4 | | | | 福建省村镇建设管理条例 | |
| 1993.6.29 | | 村庄和集镇规划建设管理条例 | | | |

续表

| 颁布时间 | 法律 | 行政法规 | 部门规章 | 地方性法规 | 地方规章 |
|---|---|---|---|---|---|
| 1993.12.30 | | | | 海口市城市规划条例 | |
| 1993 | | | | | 沙市市城市规划管理办法 |
| 1994 | | | 历史文化名城保护规划编制要求 | | |
| 1994.8.1 | | | | | 上海市城市规划管理技术规定 |
| 1994.8.5 | | | 城镇体系规划编制审批办法 | | |
| 1994.12.23 | | | | 海南经济特区城市规划条例 | |
| 1994 | | | | | 海口市城市规划管理技术规定 |
| 1994.11.14 | | | 风景名胜区管理处罚规定 | | |
| 1995.6.16 | | | | 上海市城市规划条例 | |
| 1995 | | | 城市规划编制办法实施细则 | | |
| 1995.8.7 | | | | | 海口市城市规划监察行政处罚办法 |
| 1995.6.1 | | | 开发区规划管理办法 | | |
| 1995.6.29 | | | 建制镇规划建设管理办法 | | |
| 1996.9.22 | | | 城建监察规定 | | |
| 1997 | | | | | 江苏省城市规划管理技术规定（试行） |
| 1997.10.27 | | | 城市地下空间开发利用管理规定 | | |
| 1998.3 | | | | | 福州市城市规划管理技术规定 |
| 2002.9.27 | | | 城市绿线管理办法 | | |

### 3.1.2 价值体现

回顾我国城市规划立法的发展历程，可以清晰地看到，自1980年全国城市规划工作会议以来，不仅城市规划发展的“第二个春天”来临了，而且城市规划法制建设得到逐步加强，在1990年代初也迎来了大发展的时期。在这一系列的规划立法中，有三部法律法规可以说是这一时期不同时段内的重要立法，即1980年原国家建委颁发的《城市规划编制审批暂行办法》（已废止）、1984年国务院颁布的《城市规划条例》（已废止）以及1989年由全国人大通过、并于1990年开始实施的《中华人民共和国城市规划法》。同时，通过以上我国规划立法的回顾可以认识到，这三部法律法规具有内在的连续性。因此，通过对这三部法律法规在立法目的、城市规划的法律地位、主要立法内容（城市规划的原则、编制审批、实施等）三个方面的具体分析和比较，就会获得这一时期我国规划核心立法演进的大致轨迹和基本面貌，考察其立法内容的重点是什么以及城市规划法实用性价值的具体表现是什么。

1.《城市规划编制审批暂行办法》(1980 年)

①立法目的：为统一城市规划的编制和审批程序，推动城市规划工作的开展，特制定本办法（第一条）。

②城市规划的法律地位：没有明确的法律表述。

③主要立法内容：

• 城市规划编制分为总体规划和详细规划两个阶段。总体规划和详细规划的任务、基础资料、内容、图纸和文件。

• 城市规划实行分级审批。

2.《城市规划条例》(1984 年)

①立法目的：根据宪法关于国家领导和管理城市建设的规定，为了合理地、科学地制定和实施城市规划，把我国的城市建设成为现代化的、高度文明的社会主义城市，不断改善城市的生活条件和生产条件，促进城乡经济和社会发展，特制定本条例（第一条）。

②城市规划的法律地位：中华人民共和国的一切城市，都必须依照本条例的规定，制定城市规划，按照规划实施管理。任何组织和个人，在城市规划区内进行与城市规划管理有关的活动，必须遵守本条例，并服从城市规划和管理。

③主要立法内容：

• 城市规划的原则有 6 条，包括从实际出发，正确处理城市与乡村、生产与生活、局部与整体、近期与远期、平时与战时、经济建设与国防建设、需要与可能的关系，并且考虑治安的需要以及地震、洪涝等自然灾害因素；城市建设应当节约土地，尽量利用荒地、劣地，少占耕地；必须切实保护和改善城市生态环境；必须切实保护文物古迹；必须因地制宜；必须集中领导，统一管理。

• 城市规划编制分为总体规划和详细规划两个阶段。作为城市总体规划的重要内容，规范了历史文化名城规划的原则和主要内容。

• 城市规划实行分级审批。

• 城市土地使用的规划管理实行建设用地许可证，城市各项建设的规划管理实行建设许可证。

3.《中华人民共和国城市规划法》(1990年)

①立法目的：为了确定城市的规模和发展方向，实现城市的经济和社会发展目标，合理地制定城市规划和进行城市建设，适应社会主义现代化建设的需要，制定本法（第一条）。

②城市规划法律地位：制定和实施城市规划，必须遵守本法。在城市规划区内进行建设，必须遵守城市规划，遵守本法。

③主要立法内容：

• 城市规划的原则

—必须符合我国国情，正确处理近期建设和远景发展的关系，必须坚持适用、经济的原则，贯彻勤俭建国的方针。

—编制城市规划应当注意保护和改善城市生态环境，保护历史文化遗产、城市传统风貌、地方特色和自然景观。

—编制城市规划应当符合城市防火、防爆、抗震、防洪、防泥石流和治安、交通管理、人民防空建设等要求。

—编制城市规划应当贯彻合理用地、节约用地的原则。

• 城市规划编制一般分为总体规划和详细规划两个阶段。根据城市的实际情况和工作需要，大城市和中等城市可以在总体规划基础上编制分区规划。详细规划根据不同的需要、任务、目标和深度要求，可分为控制性详细规划和修建性详细规划两种类型。同时规范了各层次规划的主要内容。①

• 城市规划实行分级审批。

• 城市土地使用和建设工程的规划管理实行“一书两证制度”，即

---

① 《城市规划法》及其解说规定，编制城市规划一般分总体规划和详细规划两个阶段进行。城市总体规划的内容主要包括：城市的性质、发展目标和发展规模，城市建设用地布局、功能分区和各项建设的总体部署，城市综合交通体系和河湖、绿地系统，各项专业规划，近期建设规划。城市详细规划应当包括：规划地段的具体用地范围，容积率、建筑密度、绿地率和公共设施配套等控制指标，总平面布局、工程管线综合规划和竖向规划。

在正式编制总体规划前，可以由城市人民政府组织制定城市规划纲要，对总体规划需要确定的主要目标、方向和内容提出原则性意见，作为总体规划的依据。

大城市、中等城市为了进一步控制和确定不同地段的土地用途、范围和容量，协调各项基础设施和公共设施的建设，在总体规划基础上，可以编制分区规划。

详细规划根据不同的需要、任务、目标和深度要求，可分为控制性详细规划和修建性详细规划两种类型。

"选址意见书"、"建设用地规划许可证" 和"建设工程规划许可证"①

综上分析，从1980年代初的《城市规划编制审批暂行办法》至1990年代初的《城市规划法》，从一部部门规章（建设部颁布）上升到一部国家法律（全国人大通过），循着这三部法律法规的演进轨迹，结合这一时期我国城市规划的发展，可以把规划立法的重点内容概括为三个方面。

首先，伴随着1980年代初开始的经济体制改革和对外开放，城市大规模的开发建设活动重新兴起，既有旧区改建，也有新区开发（如开发区、工业园区、科技园区、保税区等等），城市规划的作用和地位日益凸现，并且得到社会的普遍认同，甚至有规划工作是"龙头"一说。城市规划的作用提高必然诉求到法律保障上，由此确立了城市规划在城市规划区内管理建设活动的法定权力——城市政府的规划行政权力。在1984年国务院颁布的《城市规划条例》中，城市规划的法律地位开始得到确认。

其次，从1980年代初到1990年代初，为了应对城市开发建设活动的新情况和新问题，城市规划主要从规划技术本身的完善寻求办法，表现在规划编制体系和编制方法的改革。尽管城市规划编制的两

① 《城市规划法》及其解说规定，城市规划区内的建设工程的选址布局必须符合城市规划。设计任务书报请批准时，必须附有城市规划行政主管部门的选址意见书。

关于建设用地规划许可证，城市规划行政主管部门应当根据建设工程的性质、规模、使用要求和外部关系，综合研究其与周围环境的协调，现状条件的制约，地形和工程、水文地质情况，征用土地的具体条件，以及市政、交通、园林绿化、环境保护、日照通风、防洪、消防、人防、抗震等方面的技术要求，具体确定建设用地的位置和范围，划出规划红线，并提供有关规划设计条件，作为进行总平面设计的重要依据。城市规划行政主管部门需要审查总平面设计，确认其符合规划要求，方可核发建设用地规划许可证。建设单位或者个人在取得建设用地规划许可证后，方可向县级以上地方人民政府土地管理部门申请用地。

关于建设工程规划许可证，当有关建设单位或个人持法律规定的有关文件向城市规划行政主管部门提出申请建设的要求时，城市规划行政主管部门对建设申请进行审查，确定有关建设工程的性质、规模等是否符合城市规划的布局和发展要求；对于建设工程涉及相关行政主管部门业务的（如道路、市政、环保、防疫、消防、人防、文物保护等），则根据实际情况和需要，征求有关行政主管部门的意见，并进行综合协调。在建设申请进行审查后，城市规划行政主管部门根据建设工程所在地区详细规划的要求，提出具体的规划设计要点，作为进行工程设计的重要依据。城市规划行政主管部门对建设工程的初步设计方案和施工图进行审查，确认其符合规划设计要点，方可核发建设工程规划许可证。建设单位在取得建设工程规划许可证后，方可申请办理开工手续。

个阶段一直沿用至今，但在《城市规划编制审批暂行办法》和《城市规划条例》中，总体规划和详细规并没有细分，而在《城市规划法》中，分区规划在总体规划阶段被细分出来，控制性详细规划在详细规划阶段被细分出来。其实综观《城市规划法》实施后规划立法的再发展，城市规划制度的改革与变化主要还是集中在规划编制技术的完善方面，相应也制定了诸多配套的法律规范，如《城市规划编制办法》(1991 年)，《历史文化名城保护规划编制要求》(1994 年)，《城镇体系规划编制审批办法》(1994 年)、《城市规划编制办法实施细则》(1995 年) 等等。

最后，城市土地使用和建设工程的规划管理机制开始成型，并且在法律上得到确立。如何对城市的各类开发行为进行控制是城市规划在城市土地利用中面临的关键问题。直到《城市规划法》，确立了“一书两证”的规划管理制度，从而对城市建设项目从选址到建设用地规划管理，再到建设工程规划管理提出了申请与许可的内容和程序，城市规划在实施操作层面上获得了可靠的法律平台。其实，一个规划编制审批，一个城市开发控制，无疑是规划行政权力的真实内容所在。

从以上在演进过程中具有相互延续性的规划核心法的立法重点来分析，这一时期规划立法的主要内容就是规范和不断完善各层次规划的编制内容、审批程序及技术标准，如城镇体系规划、总体规划、总体规划大纲、分区规划、控制性详细规划、修建性详细规划、历史文化名城保护规划及风景名胜区规划等，它们的规划编制技术基本都已经在法律上进行了规范。因此，技术性规范多，工具性强，可以说体现了我国规划立法侧重于实用性和功能性的倾向。当然，在我国当时的时代背景下，以调整利益关系为重点的实用性价值在规划立法中还没有得到具体体现。1980 年前后到 1990 年代初的十几年，尽管我国已经开始推行改革和开放的政策，但是经济体制改革是由“计划经济”转向“有计划的商品经济”，市场经济的改革目标还没有明确，而计划体制对于整个社会经济的发展仍还有割不断的影响。所以，整个规划建设领域的各种利益需求不可能从根本上摆脱计划经济的影响而凸现出来（这一点在下节中有详细分析），相应的规划立法还不可能以利益调整作为重要的实用性内容。例如，1990 年《城市规划法》规范的重要内容之一是针对城市开发实行规划控制的“一书两证”制度，但是这一规划控制方式的出台恐怕还不是基于城市开发中的利益关系及其法律调整需要，考虑得更多的还是如何将城市规划的法律地位落实到政府的法定行政权力和行政管理中。

## 3.2 计划经济与城市规划法

法是一定时期社会、经济、文化及民族历史等诸多因素的产物，是一种复杂的社会现象。我国从 1980 年到 1990 年代初期的规划立法——从立法内容到价值取向——都深深地打上了长期计划经济影响的烙印。正如人们通常对 1990 年施行的《城市规划法》的评价是，“条文过于原则化，规定了大量的技术问题，像是城市规划原理的翻版。现行《城市规划法》基本表达了计划经济时期对于“城市规划”的理解，反映了“文革”后特别是 1980 年代以来规划技术革新的道路，以及所创立的规划制度的基本内容。”①

计划经济对于规划立法的影响中介是经济运行中的城市建设活动，以及城市建设过程中发生的利益竞争和形成的利益关系。通过计划经济影响下的城市建设活动的分析，看一看在城市建设过程中存在的主要的利益主体和利益形态，剖析所形成的利益关系的态势是什么，同时结合目前适用的城市规划法的条款内容，就能够认识到计划经济对于城市规划法的内在影响，就能够把握城市规划法价值取向的传统定位是什么。

### 3.2.1 计划经济与城市建设

从建国初到 1980 年代，地方城市建设的中央集权特征还是比较明显，表现在投资、金融、财政、税收等方面，中央处于绝对的控制地位。这是考察这一时期城市建设特征的背景条件之一。

---

① 张兵. 渐进的规划制度改革面临的出路——关于制定《城乡规划法》的讨论. 城市规划，2000（10）

显然，计划经济是以高度集中为特征的体制，这种高度集中可以说覆盖到国家政治、经济和个人社会生活的方方面面。在政治制度上，长期以中央集权为特征。无论是国家事务，还是企业的生产经营管理，无论是政治军事，还是经济和文化教育，一律都采取行政命令的领导方式。国家权力几乎包揽了社会经济领域的一切活动，甚至侵涉了个人生活。在经济领域，经济所有制形式单一，以国家所有为主的公有制经济（包括集体经济）占绝对主导地位，经济运行中的社会各项资源由国家按计划进行统一调配。

对于城市建设和城市发展而言，计划经济的这些体制运行特征所造成的影响是深刻的，表现在城市建设投资、城市土地开发和城市住房与房地产开发等重要方面。土地利用是所有开发建设活动的对象，无论是建设城市公共设施，还是进行道路及各种管线的基础设施配套，都是要建立在征地和土地使用的基础上；城建投资则是一切建设活动的资金保障，投资渠道是单一的还是多元的，是地方自己能够筹措还是只能依靠中央划拨等等，不同情况对于城市建设的影响是不言而喻的；以城市住房建设为主的房地产开发无疑是城市建设活动的重要内容，是城市建设市场繁荣与否的标志之一。综合看来可以认为，这三者从土地、资金到房地产开发基本反映了城市建设的主要特征，同时也是城市建设过程的关键环节所在，而 1992 年以后城市建设领域的一些重大改革，正是从这三个方面开始突破的。

#### 3.2.1.1 城市建设投资

建国初，城市的作用是为生产服务，城市的住宅、学校等设施都是为经济生产配套的，即所谓的“先生产后生活”。相对于工业建设，国家对于城市建设还无暇顾及，相应的资金投入就非常少，城市市政设施失修的状况可以说普遍存在。鉴于此，从 1963 年起国家将工商业附加税、公用事业附加和城市房地产税，作为城市维护的固定资金来源。这项规定实施以后，市政设施失修状况有所改善，但仍存在危房增多，水、气漏损率上升的问题。为此，伴随 1973 年开始试行的税制改革，国家对城市维护费的来源作了相应调整（没有减少城市维护所需的专用资金）。城市维护费来源主要是：（1）城市公用事业附加；（2）从“工商税”收入中提取的 1% 和随同“工商所得税”征收的1%的附加；（3）国家预算拨款（原由城市房地产税解决的城市维护费，税制改革后改为纳入国家预算支出，即在国家预算内相应增列一笔城市维护费，今后继续征收的城市房地产税，作为国家预算收入统一上交财政，不再专项留给地方）①。

真正有意义的改革的萌芽开始于1980年召开的全国城市规划工作会议，会上提出除了用行政划拨外，还要用经济手段管理城市建设的两项重要改革措施——实行城镇综合开发和征收城镇土地使用费的政策。国务院对会议纪要作了批转指示认为，征收土地使用费问题需要继续进行调查研究，关于城镇建设用地综合开发，有条件的城市可先行试点。显然，这两项政策都有利于解决城市建设和维护资金的来源问题②。由此，我国城市建设改革的星星之火开始点燃。

1984年，为了推动地方城市建设用地的综合开发，国家计委、城乡建设环境保护部颁发了《城市建设综合开发公司暂行办法》，为各地综合开发公司的成立提供了法律依据和保障。《暂行办法》规定城市建设综合开发公司的主要任务是：经营城市土地开发和房地产业务，城市用于建设的土地，由地方政府统一审批、统一征用和统一管理，由开发公司进行土地开发和建设。开发公司接受当地人民政府的委托或投标中标，承担开发任务。开发公司要按照城市规划，制定开发地区的具体规划，搞好市政、公用、动力、通信等基础工程和相应配套设施的建设。然后将经过开发的地皮（土地所有权仍归国家）有偿转让给其他单位兴建工程项目，也可以直接组织兴建住宅和其他经营性房屋（如贸易中心、办公楼、仓库等）进行出售③。显然，这时的土地使用仍是由以行政划拨的方式提供给开发公司，土地使用制度还没有发生根本性的改革。尽管如此，改革仍在细微之处进行——在原有建设主体，即政府和国有企事业之外，城市建设综合开发公司作

① 国家计委、国家建委、财政部关于加强城市维护管理工作的通知. 中华人民共和国建设部体改法规司编. 中华人民共和国建设法规汇编（1949—1988）. 中国工人出版社，1989. 3

② 根据当时国务院批转全国城市规划工作会议纪要（引自国家计委、国家建委、财政部关于加强城市维护管理工作的通知. 中华人民共和国建设部体改法规司编. 中华人民共和国建设法规汇编（1949—1988）. 中国工人出版社，1989. 666）的要求，在上述改革全面实行之前，提取工商利润5%和城市维护费，仍然是城市建设和维护的主要资金来源。

③ 城市建设综合开发公司暂行办法.

为政府管辖的开发企业，成为城市建设领域专门从事城市土地开发的国有企业的一种新形式，地方政府通过综合开发公司，在土地使用过程中开始获取一定收益。

以此为基础，为了适应有计划的商品经济发展，充分发挥城市组织经济发展的功能，1987 年国家开始推行“统一规划、合理布局、综合开发、配套建设”的城市建设政策。城市新区的建设和旧城区的改造，由城市政府统一征地，并组织综合开发单位，按照经批准的开发方案和“先地下，后地上”的原则，配套进行房屋、各项市政公用设施和生活服务设施的建设。所有在城市内进行建设的企业事业单位，其市政、公用等配套工程和职工住宅所需的投资和材料指标逐步由建设单位全额划交给城市政府，由城市政府统筹安排开发建设，最大限度地发挥投资效益。综合开发的收益主要用于地方城市的开发建设①。至此，城市功能开始转变，从单纯生产型城市到生产与生活并重的城市；城市建设投资的渠道开始拓展，由单纯国家划拨到地方综合开发收益的再投入；各项公用和市政设施的配套开始走出“单位制”②，走向政府统一配置（当然这还不是社会化配置的模式）。

从以上城市建设体制的改革历程，可以看到我国始于 20 世纪 80 年代初的渐进式改革的冰山一角。尽管我国在 1980 年代初就开始提出改革开放的政策，但这一改革的空间重心是由农村开始，其后才转向城市的，转移的时间界点大致是在 1980 年代中后期；改革的目标取向开始还是模糊的，经历了近十年的摸索，直到 1980 年代末，改革的目标取向还是“有计划的商品经济”。可以说，正是由于整体采取渐进式改革的方式，决定了计划经济在我国社会转型过程中仍会发挥着深远的影响。在城市建设领域，直到 1980 年代末，城市建设和维护资金的来源渠道仍旧是单一的，内源性的，主要依靠国家财政拨款和地方城市税费提取，资金来源属性基本都是国有的；相应地，城

① 国务院关于加强城市建设工作的通知（1987 年 5 月 21 日）. 引自国家计委、国家建委、财政部关于加强城市维护管理工作的通知. 中华人民共和国建设部体改法规司编. 中华人民共和国建设法规汇编（1949—1988）. 中国工人出版社，1989. 93

② 在计划经济下，国营和集体的“单位”是城市社会的基础细胞。一个单位就是一个小麻雀，各种功能俱全，承担“单位人”从摇篮到坟墓的整个过程。效益好的单位会自己建设幼儿园、卫生室等公共设施供单位职工子弟使用，建设锅炉房、开水房等设施方便单位职工生活。

市开发建设主体的属性也是单一的，1980年代中期以前，基本上就是政府和国有的企业、事业单位为主，尽管1987年城建综合开发公司作为一种新的开发主体开始在城市建设领域出现，但开发公司在本质上仍是国有的，它直接对城市政府负责，其在投资和物资材料的统一调配上仍能看到计划经济的影子。

#### 3.2.1.2 城市土地使用与住宅

1980年以前，我国用于建设的土地都是行政无偿划拨使用的。“城市土地无偿使用是从1954年财政部下了一道公文以后立即通行全国的。当时全国财政统收统支，认为城市土地国有，收土地的税费，不过是钱从这个口袋取出，放到另一个口袋，是完全不必要的麻烦费事。”① 当然，在中央统收统支的计划经济下，土地使用主体基本都是国有单位，对土地使用收费确实是从国家那里把钱拿出来，然后再放进去，有点“羊毛出在羊身上”的味道。再回过头来看城市建设的资金情况，建国以来随着时间的推移，城市建设资金缺乏的矛盾却越来越严重，“骨头”与“肉”的关系严重失调②，城市基础设施和住宅建设的欠账已到了非解决不可的时候了。

1980年代初，中央提出了改革和开放的战略举措，各行各业据此开始摸索和制定相应的改革措施。于是，1980年的全国城市规划工作会议提出了《关于征收城镇土地使用费的意见》草案，指出“征收城镇土地使用费，是城镇建设和维护的一个固定资金来源。在城镇规划区范围内，对占用土地的单位和个人，均应按当年实际占地面积交纳土地使用费。收费标准应根据不同地段，分等分级确定。对于不同的使用单位，收费标准也应有所不同。”但由于这项改革涉及面广，政策性强，草案并没有立即被中央通过③。但这时，地方城市已经处在快速城市化的启动期，各城市都在谋求发展壮大，面对建设资金短

---

① 宋启林. 城市土地有偿使用的前前后后. 见：中国城市规划学会，主编. 五十年回眸——新中国的城市规划. 商务印书馆，1999. 152～153

② 这是我国城市建设历史上很有名的一对关系，“骨头”表示工业生产建设，“肉”则代表城市基础设施和住宅建设，出处是毛泽东同志曾指出“我们的重点必须放在发展生产上，但发展生产和改善人们的生活二者必须兼顾”，“要正确处理‘骨头’和‘肉’的关系”。

③ 国务院批准全国城市规划工作会议纪要（1980年12月9日）. 中华人民共和国建设部体改法规司编. 中华人民共和国建设法规汇编（1949—1988年）. 中国工人出版社，1989. 666

缺和基础设施严重滞后的局面，土地又是地方城市政府能够掌握的重要资源，对土地使用收费还是非常迫切的，也是非常诱人的。“于是大大小小、多多少少的城市设施配套费纷纷出笼，什么配套费、四源费（水源、电源、气源、热源）、增容费、绿化费等等，将使用各种城市设施应交的费，代替统一的城市土地使用费。”“直到1988年通过宪法修订，城市土地使用权可以依照法律规定进行有偿出让、转让后，这场旷日持久的土地使用费争论才渐趋平息。但接踵而来的1990年代初的房地产狂飚卷遍全国，城市地价收益迅猛上升（改革开放后已积累的社会财富和个人购买力与土地使用权有偿出社、转让政策开始实行不期而遇，市场由此发生井喷）。相形之下，原来设想的那种低起点收取城市土地使用费（仍是计划经济的思路）的做法顿失光辉。人们的注意力也迅速集中到巨额地价收益这个更直观的有偿使用城市土地问题上来了。”[①] 综上分析可以看到，直至1980年代末，即《城市规划法》颁布施行前，土地使用仍处于从无偿划拨向征收使用配套费的阶段，土地有偿使用这一土地制度的根本性改革还没有完全推行。

在城镇居民住房方面，计划经济下长期执行的政策是福利住房，“职工住房问题，要由国家、地方、企业共同努力，有计划地逐步加以解决。”“盖机关一定要和宿舍、商店配合起来。”[②] 这样，城市中开始形成了很有中国特色的社会生活基本细胞——单位。一直到1980年代后期，城市中的党、政、军机关、国营和集体企业在建设办公楼和生产设施时，同时还要负责本单位职工的住房建设。此外，单位还承担了职工生活的其他方面，如各种生活福利、医疗和卫生防疫、离退休、托幼机构和子弟上学等等。住公房，单位职工只需每月交纳几角到几十元不等的租金，其他从建设到维护的资金统统由单位负责，这是计划经济体制下的福利住房制度。这一时期，通过各单位自建自

① 宋启林．城市土地有偿使用的前前后后．见：中国城市规划学会主编．五十年回眸——新中国的城市规划．商务印书馆，1999．156

② 国家计委、国家建委、财政部、国家物资总局关于自筹资金建设职工住房的通知．中华人民共和国建设部体改法规司编．中华人民共和国建设法规汇编（1949—1988年）．中国工人出版社，1989．1017

用，使得城市住宅建设在各单位的小系统内就完成了需求与供给的循环。但随着时间的推移，这种福利住房制度愈来愈暴露出严重的弊端，突出表现在国家为城镇居民建房和维修投入了大量的、没有良性收益循环的资金。“目前，每年国家和企业、事业单位用于新建职工住房的资金达200多亿元。加上为维修、管理现有的24亿 $m^2$ 住房而支出的几十亿元，以及许多单位发给职工个人的住房补贴等，总数约300亿元左右。”① 但这些钱一直被各单位分散使用，只有投入没有产出，连住房的简单再生产都不能维持。同时，由于福利住房制度不能从经济机制上制约不合理的需求，城镇住房问题并没有得到缓和，住房分配上的不公正，也成为一个严重的社会问题②。

在试点城市经验的基础上，我国住房制度改革是从1988年开始在各城镇推行。住房制度改革的目标是实现住房商品化，其具体实施步骤和内容的政策表达为，“按照社会主义有计划的商品经济的要求，实现住房商品化。从改革公房低租金制度着手，将现在的实物分配逐步改变为货币分配，由住户通过商品交换，取得住房的所有权或使用权，使住房这个大商品进入消费品市场，实现住房资金投入产出的良性循性。”“要实现这个目标，住房制度改革主要包括这样几个内容：（1）改变资金分配体制，把住房消费基金逐步纳入正常渠道，使目前实际用于职工建房、修房资金的大量暗贴转化为明贴，并逐步纳入职工工资；（2）改革现行的把住房作为固定资产投资的计划管理体制，确立住房作为商品生产的指导性计划管理体制；（3）通过财政、税收、工资、金融、物价和房地产管理等方面配套改革，在理顺目前围绕住房所发生的各种资金渠道的基础上建立住房基金，逐步形成能够实现住房资金良性循环的运行机制；（4）调整产业结构，

① 关于在全国城镇分期分批推行住房制度改革的实施方案. 中华人民共和国建设部体改法规司编. 中华人民共和国建设法规汇编（1949—1988）. 中国工人出版社，1989. 1097

② 据统计，至1978年，全国城镇3400个，人口1.1亿，其中设市城市190个，人口7600万。据1977年底统计，平均居住水平低，全国190个城市平均每人居住面积仅为3.6$m^2$，比解放初期的4.5$m^2$ 下降0.9$m^2$，缺房户的数量，据不完全统计，全国城市中缺房户共323万户，占居民户数的17%，其中，夫妻不能同居，或住教室、车间、仓库、办公室等的无房户达104万户；二户同室，三代同室、大儿大女与父母同室居住的不方便户达130万户；平均每人居住面积不足2$m^2$ 的拥挤户达89万户。

开放房地产市场，发展房地产金融和房地产业，把包括住房在内的房地产开发、建设、经营、服务纳入整个社会主义有计划的商品经济大循环。”①

无疑，住房商品化是对我国长期实行的福利住房制度的重大改革。但值得注意的是，直到1988年，即《城市规划法》通过之前，才开始确立了住房商品化的改革目标。同时，由于住房改革必然涉及到财政、金融、税收及物价等多方面的配套改革，可以说是一项艰巨的大工程。再加上长期福利分房所形成的广泛的职工利益具有极强的刚性（在此突出表现了利益的刚性），培育和形成商品住房购买的群体决不是一蹴而就的事情。一方面，要在原有体制外逐步建立商品房开发和购买的市场，使一部分人（主要指原有体制外的人，如外资企业职员、个体户等等）进入商品房买卖；另一方面，通过提高租金和货币化来逐步转化和取消福利分房。实践已经证明，这是一个长期的过程，国有机关和单位真正停止福利分房，并顺利过渡到货币化分房，是直到20世纪末才做到的事情。可以说，住房制度改革生动体现了我国社会转型过程中，特别是改革之初存在的“双轨制”的内涵。

至此我们可以清晰认识到的是，计划经济的或受计划经济影响的土地使用制度和住房分配制度到1980年代末甚至1990年代初仍是存在的，尽管此时改革的星星之火已经点燃。这也基本勾画了我国城市规划法集中制定颁布时期所面对的城市建设活动的主要特征。

### 3.2.2 计划经济影响下建设领域的利益结构

分析计划经济影响下城市建设领域的利益形态，选择的研究线索是从建设领域的主体结构入手，原因在于两个方面。一方面，在城市建设领域，各类主体的参与是具体的和生动活泼的，主体的差别构成了不同的利益形态和利益内容；另一方面，城市建设中不同主体面对的客体是一致的，主要是各类城市资源。如果从客体入手，城市建设

① 关于在全国城镇分期分批推行住房制度改革的实施方案．中华人民共和国建设部体改法规司编．中华人民共和国建设法规汇编（1949—1988）．中国工人出版社，1989．1098

中多样的利益需求和利益形态则会被掩藏在由各项资源为主的单一的利益需要中，即主要为物质利益。

利益形态分析确定从主体结构入手后，接下来就要研究针对城市建设领域，如何保证进入分析框架的主体能够涵括整个城市建设过程，避免因主体遗漏而使本领域利益结构的分析丧失全面性和普遍的意义。经济学上通常将社会经济的运行概括为生产—消费过程。城市开发建设从根本上说也是社会经济运行中的一个子系统。其中，“生产”具体表现为资金投入后进行的各类建设行为，包括建设住宅、公共建筑、市政基础设施及保护历史文化遗迹等等；“消费”则具体表现为使用或购买建设产品或商品，如使用供水、供电等市政设施，公园、风景区等绿地，住房、高速公路、地铁等道路交通设施。因此，“建设—使用（或购买）”就成为本书研究建设领域利益结构的分析框架。

其一，在城市建设过程中，资金投入和土地供给是两个不可或缺的要素，同时也是两个关键的环节。计划经济下，社会各项资源都由国家（中央）按计划进行统一配置，其中当然也包括城市建设资金的统一调配和土地的行政无偿划拨。国家要进行大型工业设施建设（如建国初的156个重点项目），就以行政命令的方式布置安排，通过财政拨款和地方城市建设资金按计划进行建设。至于职工住房和其他公共设施，使用土地是按计划无偿划拨的，然后由国家、地方政府和单位共同筹集资金来建设，再以实物性的福利无偿分配给职工。所以国家是个绝对的投资主体和城市资源控制主体，它直接或间接地控制着城市各项建设。资金在计划内投向哪里，投多少，都基于它自己的战略发展需要，即它的利益需要。除了国家之外，地方政府和国营、集体企事业单位没有空间形成它们独立的利益需求。因为在计划经济高度集中的财政、税收和金融体制下，地方政府和国营企业在投资方向上并没有决策权，其职能只是执行国家的计划和命令，将资金由上而下地转接一下。相应的，它们的利益必须、也只能反映国家的需要，即国家利益就代表了它们的需要。直到1980年代末，地方城市建设投资渠道单一的状况仍没有得到根本性的改观，国家财政划拨还是城市建设资金来源的主要渠道。当然，这时地方政府开始通过收取土地使用配套费来筹措一部分有限的资金。

在建设过程中，建设行为的主体基本上是国家机关、国有（集体）企事业单位，到1980年代末出现了隶属于各级地方政府的综合开发公司。这些主体，特别是前者，基本都是按计划用国家划拨的资金建设各项设施，然后自己使用，因此无所谓自己独立的需要和利益追求。即使是以后的综合开发公司，除了为机关和单位承担建设外，开始进行一些商业性的开发，但这些商业性开发无论从所占的总量上，还是从开发的市场运行过程来看，充其量还只是房地产开发一个小小的萌芽。这时，绝大部分建设投资仍旧被国家控制着，地方政府的资金支配能力仍旧很弱（这时向地方政府放权让利的财税、金融改革和土地使用制度改革还没有完全推行）。

其二，在城市建设产品（或商品）的使用或消费过程中，基本有两大类主体——国家机关、企事业单位（国有、集体）和个人。前者的参与基本是自己筹资（通过财政），自己建设，自己使用。这种在"体制内"自行循环的过程不会孕育强烈的利益追逐愿望，这在前文已阐述过。而对于后者，即个人，他们作为使用主体的需要又是怎样的存在状态呢？作为城市居民，在城市建设过程中他的基本需求表现在拥有足够的住房、优美的居住环境和方便的生活环境。众所周知，计划经济下住房由国家和单位作为福利无偿提供给职工，住房周围的生活环境也由单位统一建设和管理，在获得住房和生活环境的这一过程中，居民个人没有选择权和决定权，你只能相信并依靠国家和单位提供给你。至此，我们就不难理解改革前的农民想进城当工人、做"市民"，市民又想进政府机关，进好单位，就是因为计划经济下个人的需要和利益是由所在单位直接配给和保障的，是与其所在单位的"效益"好坏直接挂钩的。因此，尽管居民是一类主体，但他们并没发生追逐自己需要的行为，所谓的个人利益就是虚化的，是不能独立存在的。此外，由于这一时期所有的社会资源——也包括城市建设中的各项资源，都是由国家垄断并通过国家计划进行配置的，那么伴随这些社会公共资源分配而产生的社会公共利益，相应的也就由国家进行统一分配和调整了。可以说，这一时期社会利益的外壳里装的往往是国家需要的内容，国家利益成为社会利益的代名词。

综合以上分析来看，在以国家社会经济发展计划作为城市规划建设惟一的或主要“导航灯”的计划经济时代，以及在仍受到计划经济影响的改革初期，城市建设领域的利益形态还是比较单一的。

首先，对于个人而言，生活中最基本的对住房及其环境的选择都是由单位决定的，因此个人的需要基本是被忽视和抹杀的，个人利益还没有存在和成长的空间。但这时从社会宏观领域来看，不能忽视的一种社会现象是从改革初期，社会开始鼓励个人致富，鼓励个人对于财富的追求。此后，从整个社会领域看，在我国长期被压制的个人对于金钱财富及其他利益内容的追求开始涌动而出。

其次，这一时期社会利益也是被虚化的，没有自己明确的利益内容，甚至在其公共利益的外壳里盛满的却是国家的需要。因此，在计划经济及其影响下，城市规划和建设中的利益关系和利益结构是相对简单的。国家作为其他各社会主体的代表，当然地成为城市建设中惟一实际存在的利益主体，其他社会主体的需要（包括个人、企事业单位、地方政府和社会公众）必须服从国家发展的需要，国家利益不仅凌驾于其他各类利益之上，有时甚至代替了其他利益需要。简言之，这一时期我国建设领域的利益关系并不存在冲突和竞争的态势，而是表现为相对的统一，即统一在国家的需要和利益之下。其实，法学上普遍认为，现代国家利益只存在于以下几个方面：“一是国家政权的稳定与安全，这是政治统治的利益需要；二是国际法上的国家主权意义上的利益；三是在民事法律上的国家财产所有权的利益。除此之外，国家不应当存在独立的利益。否则，就可能是非法的利益，比如，政府要求公民尽量不要上访以免增加行政机关在人力、物力和财力的负担，这就是非法利益。”“除了上述三类利益外，国家权力并不代表自身的利益，而是一种法律确认了的单向强制的‘特权’。”[①] 但是恰恰相反的是，计划经济影响下我国的国家职能极度膨胀，国家权力不仅进入了经济管理的领域，甚至延伸到社会生活的各个层面——从宏观的社会经济运行到微观的个体生活。因此，这一时期国家的需要和利益无疑就成为一个“集大成者”。

① 孙笑侠. 法的现象与观念. 群众出版社，1995. 143 ~ 144

最后值得注意的是，尽管这一时期城市建设领域的利益形态和利益关系总体来看是比较单一的，但到1980年代末，即经过近10年的经济改革之后，利益形态并非像完全计划经济时代的坚冰一块。从整个社会领域看，个人开始有意识地追求致富，个人利益的萌芽开始成长；从城市规划建设领域看，综合开发公司、住房商品化和土地有偿使用等改革措施的推行使得利益需求开始多元化，少数人（如个体户、外企职员等）开始自己购买商品房，开发公司也开始有了利润的追求，地方政府更希望在收取土地使用配套费的基础上，推进土地有偿使用的深度改革，以获取更多可自行掌握使用的资金。但是，尽管多元的利益需要开始萌动，城市建设领域的整体利益结构和利益关系却还没有受到根本冲击。从法学理论上讲，就是法律所要调整的新的社会关系的诉求在渐进式的改革大环境下还不稳定，还不成熟，因为从本质上有别于计划经济模式的市场经济改革是在1990年代初期才明确并向深度改革推进的。这里也就体现了“法律的滞后性”特征，即在刚性和稳定性的原则下，法律的制定往往滞后于社会事实的发展。因此，尽管到1980年代末在城市建设领域多元的需求已经出现，但由于还没有形成稳定的法律保障诉求，这一时期制定颁布的城市规划法基本还是反映了计划经济影响下的利益关系。

### 3.2.3 城市规划法的作用与价值取向定位

这一时期，城市规划法的作用是什么呢？从当时整个国家法制建设的背景来看，无论是法学理论界还是立法实践中，鲜有对法的价值与理念进行研究的，而立法的重点也基本集中在规范政府管理社会的各项职能，并保障其实施上面。从法理上看，这一时期我国整个立法凸显了法律的社会实用性，法作为国家管理社会、经济和城市建设的“工具”性特征比较突出。那么，在城市规划建设领域，城市规划法的功能主要表现在确立城市规划的法律地位，规范城市规划的编制技术以及城市开发建设的规划控制和管理，以保障国家能够利用城市规划这一手段，在国家社会经济发展的需要下调控城市建设。因此，规划法除了表达出极强的实用性价值之外，本质上是国家管理城市建设的工具之一，是一种法律工具，其原则主要是表达了国家社会、经济发展的需要，表达了城市建设管理的需要，其法律价值取向是指向国家利益需要的。这一时期城市规划法价值的这一取向充分体现在规划核心法规关于立法目的的条款中，如《城市规划编制和审批暂行办法》（1980年）、《城市规划条例》（1984年）和《城市规划法》（1990年）。《城市规划法》第一章第一条就规定，“为了确定城市的规模和发展方向，实现城市的经济和社会发展目标，合理地制定城市规划和进行城市建设，适应社会主义现代化建设的需要，制定本法。”

当然不能否认，我国城市规划法在反映国家意志的同时，也在关注城市社会发展和人民生活环境的改善。

城市是人民的城市，城市规划和建设关系到每一个普通市民的衣食住行等切身需要。因此，城市规划的最高目标和最终目的应该是市民的整体利益和城市长远发展的需要①。“一五”时期万里同志就讲，“城市建设是关系到千百万人民群众切身利益的大事情，必须充分走群众路线……今后，每个城市的规划方案和城市建设中的重大项目，都应当通过适当场合征求有关方面的意见，不管他们是内行还是外行，也不拘什么形式，目的是把我们的工作放到群众的关怀和监督之下。”“就是千方百计地动员群众，实行人民城市人民建。城市建设是人民的事情，应该交给大家来办。国家带个头，大家来办。”②

那么，城市规划法为什么没有把市民和公众的需要作为与国家本位同样重要的法律原则呢？

法是一种复杂的社会现象。法律价值取向的形成有着深刻的政治、经济、历史、文化等各方面综合作用的原因。法律思想、法律价值的产生，“不但有经济、政治、社会和历史等多方面的原因，而且它同经济、政治思想、哲学、伦理道德观念都有不同程度的联系，甚至某种内在的联系……。”③ 我国城市规划法的价值取向定位于国家利

① 市民整体利益和城市长远发展的需要都是社会公共利益的重要内容。这个概念表明了社会化日趋发展的今天，人与人之间、人与城市之间的关系日趋紧密。当今，城市的长远发展，特别是在资源利用和环境保护方面已经开始受到威胁的背景下，“皮之不存，毛将焉附”。城市长远发展的需要愈来愈受到重视。

② 周干峙. 走我国自己的城乡现代化发展道路——学习《万里文选》的体会. 见：中国城市规划学会主编. 五十年回眸——新中国的城市规划. 商务印书馆，1999. 1～10

③ 中国大百科全书法学卷. 中国大百科全书出版社，1984. 759

益，首先地和着重地考虑城市经济社会发展的需要，这除了受国家政治经济制度的影响，特别是计划经济体制的影响外，我国传统的法律文化观念和社会伦理道德也有其重要的影响。其一，受当时政治经济环境和社会伦理道德的影响，在城市规划和建设活动中，国家的需要绝对优于其他主体的需要，“螺丝钉和机器”的时代比喻就是对这一关系本质的生动描述。当时国家实行高度集权的政治经济体制，以集中有限的资源，推进国家的工业化，从而初步形成了比较完整的工业和国民经济体系。当时的城市规划和城市建设只能服从于这种经济政治体制，为实现国家的工业化和经济发展目标服务。因此，国家利益需要高于其他一切利益需要有着特定的时代背景。这样就不难理解，在城市规划立法的思想和精神中，个人利益、集体利益，甚至社会公共利益，因被忽略和代替而成为空洞的利益形式，城市规划法的思想理念无须进行任何价值判断，国家本位自然成为其价值基点。其二，再看我国传统的法律文化观念，与这样的伦理道德和价值观也不谋而合。“西方的法观念与权利观念密切联系，在它的指导下，罗马法最发达的部分是调整平权关系的私法，与此相适应是抽象独立的人格、发达的契约关系、平等观念，这些是私法发达的基础和标志。中国传统法观念的核心是刑，其职能主要是‘绳顽警愚’，是‘防民之具’。”[①] 因此，就有了现代社会对法治的两种根本不同的理解。一种是把法治作为实现国家秩序或社会治安的手段，另一种认为法治的核心内容是基于保障个人自由和权利的需要而对国家权力施加必要的限制（季卫东，2001）。至此，我们似乎开始能理解，在轻私法、轻个人权利的法律传统观念的土壤中是很难孕育出尊重个人权利和个人利益、首位度地关注公众利益的种子来的——尽管从理论上讲，改善群众的生活环境，维护群众的利益，满足市民的需要是城市规划的最终目的和最终归宿。

以满足国家需要和政府规划管理职能的实施为法律保障的落脚点，以各层次规划的编制技术规范作为规划立法的主要内容，而作为城市规划崇高目标的满足市民需要、维护公共利益的原则却没有在规

---

① 张晋藩. 中国法律的传统与近代转型. 法律出版社，1997. 3

划法中得到明确体现，以上诸方面就构成了我国城市规划法价值基础的一些基本特征。那么，我国规划法的价值内涵到底是什么呢？是表现为公平价值，还是表现为效率价值？其实，回顾我国规划立法的过程和立法内容，社会公平似乎从来没有成为主流的价值取向，是通常被忽视的。这一时期，城市规划刚刚起步发展，无论是规划实践，还是规划立法，都首位地关注规划如何编制、政府如何进行规划管理。至于城市规划中的社会公平问题，似乎还不是法律规范和法律保障的紧迫之事，因为城市规划建设领域并没有存在各种利益的剧烈冲突和竞争，大多数主体的需求都统一在国家需要之下，也就不存在谁觉得公平、谁觉得不公平的问题了。至于效率价值，却是若隐若现。我国规划法的技术性规范多，而我国城市规划本身的发展走的就是一条技术不断革新完善的道路。无疑，考评技术的价值标准就是效率。例如，完善控制性详细规划的技术，就是使得规划既能够有效率地应对城市开发中的问题，又能够满足政府有效控制开发活动的需要。当然，在国家本位的基础上效率并没有成为规划法明确的价值取向，但与公平价值被完全忽视相比，效率已隐含在追求规划技术的背后。如果国家本位的价值基础遭遇到根本挑战，那么效率价值就有可能在新的社会背景下凸现出来。

综上所述，历史地剖析我国城市规划法价值的传统定位就会发现，正是在我国计划经济的长期影响和1980年代初所采取的渐进式改革的大背景下，这一时期整个社会的法律文化观念、社会的伦理道德等上层建筑和国家的政治经济体制是相互支持的，它们历史地耦合在一起，使得我国规划法的价值取向表现出时代的特征。我国城市规划法倾向于国家需要的传统价值取向，应该是我国特定发展阶段各种社会因素综合作用的必然结果，也是一个历史社会选择的结果。国家的利益需要和基于这一利益需要的规划法价值都具有特定的社会历史内容。

# 4

# 规划建设领域的重大变革与利益重构

自1992年党的十四大确立了“建设社会主义市场经济”的改革目标后，一场从根本上不同于计划经济的改革在社会领域的各个方面和各个层面开始向纵深推进，特别是此后中国以更坚定的市场化改革谋求加入世界贸易组织（WTO），并于2001年成功入关以后，世界经济一体化和WTO市场规则要求成为中国市场经济改革不可逆转的外部助推器。中国经济改革的转折和“分水岭”由此形成。经济改革大背景的根本性转变，必然引发社会领域的剧烈变动，利益关系的调整和重构是其中非常重要的内容。城市规划建设领域的情况也不例外。本章要研究，在这样的社会改革大背景下，城市规划建设领域的重大改革是如何突破和展开的，改革带来哪些新的利益形态出现并形成，新的利益关系正在进行怎样的利益重构，现行城市规划法对于这些利益主体又是如何规范的。

## 4.1 重大变革

### 4.1.1 社会改革大背景

要分析我国城市规划建设领域所发生的重大改革，就离不开国家社会经济改革的宏观背景。

回首我国社会经济改革的历程，它并不是一开始就在一个明确的改革目标下推进的，而是逐步由具有“试错”色彩的渐进式改革转向以明确的市场经济目标为导向的改革，是由深圳及其他沿海开放城市等局部示范性改革转向在改革总体规划指导下的全国范围内的改革。在这一改革逐步推进的过程中，可以说1992年确立社会主义市场经济的改革目标具有里程碑式的意义，自此一个与1980年代有着很大不同、或者说本质变化的新社会正在我们生活中出现，尽管通常人们往往将中国1980年以来的时期通称为“改革以来”。

中国的改革政策演进过程大致如下：

——在党的十二大以前，主要强调保留商品货币关系，尊重和充分利用价值规律的必要性，开始破除一些传统观念，如把社会主义同市场调节对立起来的观念，把指令性计划等同于计划经济的观念；

——1982 年，党的十二大提出了“计划经济为主，市场调节为辅”的原则；

——1984 年，党的十二届三中全会通过的《中共中央关于经济体制改革的决定》指出，社会主义经济是“公有制基础上的有计划商品经济”，明确了改革的基本任务是“从根本上改变束缚生产力发展的经济体制”；

——1987 年，党的十三大提出，社会主义有计划商品经济体制是计划和市场内在统一的体制；

——1992 年，党的十四大明确宣布，我国经济体制改革的目标是建立社会主义市场经济体制，深刻阐述了社会主义市场经济的必然性、基本特点、主要内容和运行方式，并在 1993 年的《中华人民共和国宪法修正案》第十五条中规定，“国家实行社会主义市场经济”。之后，十五大以来又对初级阶段的基本经济制度，公有制经济的涵义、地位和实现形式做出了明确界定，就如何适应市场经济发展要求加快推进国有企业改革、完善分配结构和分配方式、充分发挥市场机制作用、健全宏观调控体系等一系列重大问题做出了战略部署，基本上形成了社会主义市场经济的理论体系①。

鉴于中国改革是从 1992 年开始向市场经济建设的纵深推进，对于 1990 年代以来我国社会经济生活的本质变化，有些社会学者相继作了研究和相关评述。清华大学社会学系孙立平教授认为，“事实上，自 1990 年代以来，中国社会已经发生了一些非常重要的、根本性的变化。这些变化有的可以看作是 1980 年代的延续，而另外一些则意味着重要的转折。”而且 1990 年代以来中国社会已经发生的变化和转折，“有许多并不是暂时的、边缘性的，其中的许多因素会对我们这个社会的长远走势产生重要的影响，甚至其中的一些趋势已经开始处于定型化的过程。也就是说，这并不仅仅是一些过渡中的现象。”② 在这些稳定的、重要的变化中可以发现，中国社会已经从典型的生活必需品阶段转向耐用消费品阶段，整个经济运行和社会生活方式随即发

① 蒋学模主编. 高级政治经济学——社会主义本体论. 复旦大学出版社，2001. 112～113

② 孙立平. 一个新的社会正在形成. 南方周末，2003－01－01（2）. 作者现为清华大学社会学系教授。

生着一系列的重大变化。那么，在市场化的改革取向中，到底是什么引发了不同于1980年代的重大变化？毋庸置疑，在1990年代，以社会资源配置机制的根本转变为基础的市场环境逐步形成是最为重要的因素之一。这里有一个生动的经济案例似乎能说明一些问题。最早开始改革的珠三角地区在1980年代的改革主旋律就是大力发展乡镇企业，具体通过放权让利，使得基层政府（县市、乡镇）和企业获得更多的自主权和可供支配的资源，增强了地方经济发展的主动性和活力。这一时期，珠三角地区陆续涌现了一些品牌企业，如健力宝（饮料）、科龙（电器）、容声（电器）、美的（电器）、乐百氏（饮料）等等。但是这一时期还是以计划经济为主的，这些企业基本都是当地政府以资金和优惠政策扶持发展起来的集体所有制企业。改革演进到1990年代，在越来越市场化的环境中，资源配置方式已经转向以市场配置为主，这些原先适应计划配置为主的集体所有制企业纷纷谋求改制，必然地走向了企业产权制度等深度改革，以建立适应市场环境要求的企业激励机制与约束机制。

我国城市规划建设领域所发生的变化则是有目共睹的，与大规模、超常规城市开发与建设相促相伴的则是中国城市化的迅速发展。正如诺贝尔经济学奖获得者斯蒂格利茨所认为的那样，“21世纪对全人类最具影响的两件大事，除了新技术革命之外，就是中国的城市化。”① 鉴于这些变化，业界和学术界普遍认为，自1980年代改革以来，以1990年《城市规划法》的颁布实施为标志，城市规划的发展迎来了“第二个春天”。相应的，有学者将我国城市建设发展划分出“两次建设高潮”（张庭伟，1995年）。即第一次城市建设高潮发生在第一个五年计划时期，主要是围绕156个国家重点大型工业项目而形成的。从建设过程看，在高度集中的计划经济下，这些项目由中央计划部门和城建部门确定建设项目和项目选址，然后由中央统一划拨建设资金和其他资源，地方只是负责落实执行。第二次城市建设高潮是在1990年代初期才形成的，其背景则是1992年党的十四大

---

① 转引自仇保兴. 追求繁荣与舒适——转型期间城市规划、建设与管理的若干策略. 中国建筑工业出版社，2002. 8

明确提出了“社会主义市场经济”的改革目标，土地、住房和资金等的配置进一步转向市场化改革。同时，中央对地方在税收、金融、财政及城市建设等方面继续实行了“放权让利”，地方政府的自主发展权和决策权更大了。因此，这一时期的大多数建设项目是地方政府积极主动地营造优惠的投资环境，由国营、集体、私营、外资或合资企业参与投资建设，地方各政府部门共同进行项目管理，而中央部门较少介入①。

其实，如今站在21世纪的门槛里回望20世纪最后10年中国城市的发展，我们会发现，在1990年代初期，特别是1992年前后所出现的所谓的第二次建设高潮，只是我国城市建设领域深度改革起点的爆发。始于这个起点的改革在近十几年里不断地延续和向纵深发展，形成了中国城市发展历史上发展速度最快、变化最大的时期。1992年后规划建设领域改革的转折就是在越来越市场化的经济环境中，资源配置的方式摆脱计划配置，走向按需求由市场进行配置的方式。其中，最基础的资源无疑是土地，此外与土地开发利用相伴随的还有住房、资金等其他市场要素和社会资源。毋庸置疑，在1990年代，正是土地有偿使用、住房商品化和投资渠道多样化的重要改革措施不断地推陈出新，直接带动了我国城市建设的规模和速度，而且新的资源配置方式使得一些新的群体和社会组织参与到城市规划建设的利益分配格局中，并逐步形成独立的利益形态。

### 4.1.2 土地有偿使用

#### 4.1.2.1 政策发展回顾

——从1950年代末起，我国实行的是土地无偿划拨和实物福利分房的政策。土地和房产不具有商品的属性。对于这一点，1982年的《中华人民共和国宪法》仍然明确地规定，土地所有权在农村属于集体所有，在城市属于国有，禁止进行土地买卖。

——土地有偿使用及房地产业兴起的第一个信号。1984年5月，国务院向六届人大所做的政府工作报告中提出：城市住宅建设

① 张庭伟. 中国城市建设的第二次高潮. 城市规划，1995（5）

要进一步推行商品化试点，开展房地产经营业务。同时为了充分发挥土地资源的经济效益，报告还建议，在禁止买卖、出租或以其他形式非法转让土地的条件下，按照土地在城市所处的位置和使用价值，征收使用费或税；对土地进行开发（包括地面平整、建筑物拆除、铺设地下管线、道路建设等），以不同形式有偿提供给需要者选择使用。

——真正的转折始于相关政策与立法的出台。1987 年 10 月，十三大报告指出：社会主义的市场体系，不仅包括消费品和生产资料等商品市场，而且应当包括资金、劳务、技术、信息和房地产业等生产要素市场。从这以后，房地产就以生产要素之一、房地产业就以国民经济的一个产业的身份出现在各类政策文件中。为了促进城市房地产的经营，增加城市建设资金的来源，关于土地有偿使用方面的立法相继得到加强。1988 年 4 月 12 日，第七届全国人民代表大会第一次会议通过了《中华人民共和国宪法修正案》，决定将原第十条第四款："任何组织或者个人不得侵占、买卖或者以其他形式非法转让土地。"修改为，"任何组织或者个人不得侵占、买卖或者以其他形式非法转让土地。土地的使用权可以依照法律的规定转让。"据此，国务院在 1990 年 5 月 19 日，颁布了更具实施性的行政法规——《中华人民共和国城市国有土地使用权出让和转让暂行条例》和《外商投资开发成片土地暂行管理办法》。至此，在政策允许及立法保障下，土地的商品属性以土地使用权有偿出让转让的形式表现出来。

#### 4.1.2.2 改革实施措施的推进

从 1984 年城市全面改革开始，到 1988 年修宪，再到 1990 年国务院颁布有关土地有偿使用的操作性层面的法规，这期间我国城市土地使用制度的改革从征收土地使用费，渐进地过渡到土地批租等方式的土地使用权有偿出让转让①。征收土地使用费这一改革政策的初衷是

① 依据《中华人民共和国城镇国有土地使用权出让和转让暂行条例》的规定，土地使用权出让实质国家以土地所有者的身份将土地使用权在一定年限内让与土地使用者，并由土地使用者向国家支付土地使用权出让金的行为。土地使用权出让可以采取协议、招标、拍卖三种方式，出让年限依土地使用性质不同 40～70 年。土地使用权转让是指土地使用者将土地使用权再转移的行为，包括出售、交换和赠予。

“既要加强对土地的行政控制，也要从土地的使用中产出一些效益。”[①] 如深圳特区运用“特”的政策，1981 年就率先试行收取土地使用费。1982～1986 年累计收到 3848 万元。在北方，抚顺市于 1985 年试行低收费标准，一年就收到 1000 多万元[②]。然而，随着土地使用改革方案推进到批租和出让转让，城市土地使用的巨大收益出现，直接引发了 1990 年代初的房地产狂飓席卷全国，政策先前设想的低起点收取土地使用费的做法成为历史。因此，真正有意义的土地有偿使用改革是从 1990 年代初开始的。尽管如此，在此之前改革的星星之火中还是奠定了对今后改革进一步深入富有意义的几项改革措施。在世界银行关于市场经济形成中中国城镇土地经营管理的一份报告中，认为其中最有意义的是以下几点：

——“建立以盈利为目的房地产开发公司，主要经营公有房产，此外也有权开发商品住房或房地产，并以包括土地区位溢价在内的价格出售；

——鼓励建立经济开发区以吸引外资；

——有选择地采用土地出让机制，给予土地使用者某种使用权以换取他们支付的土地使用酬金；

——收取各种土地使用开发费、税以及其他形式的贡献；

——由于土地隐形及公开价格的不断提高，规划师和开发商都更敏锐地意识到提高土地使用效率的必要性，推动了在具体项目层面上突破中央规定的“定额和标准”的限制而实行密集化。”[③]

诚然，土地有偿使用的真正改革从 1990 年代初就开始了，但是实现用地机制的脱胎换骨决不是一蹴而就的，城市开发建设中具体采取什么程序的出让转让方式？怎样建立一个透明的符合市场经济平等竞争规则的土地市场？这也是个不断探索的改革过程。目前，土地出让的特点大致有两个。其一，公开出让的地块中以协议出让

① 安德鲁·黑马.（世界银行报告）中国城镇土地的经营管理：在市场经济形成中面临的选择. 城市规划，1993（2）

② 宋启林. 城市土地有偿使用的前前后后. 见：中国城市规划学会主编. 五十年回眸——新中国的城市规划. 北京：商务印书馆，1999

③ 安德鲁·黑马.（世界银行报告）中国城镇土地的经营管理：在市场经济形成中面临的选择. 城市规划，1993（2）

方式[①]为主，这造成了土地市场中半透明的、不完全市场行为的存在。例如，2002年上海计划投放1800$hm^2$地块，尽管自2001年8月起推行土地使用权出让招标拍卖方式，但到2002年年末，近半数地块仍旧是通过协议方式出让的。即使是实行招标，公开招标和定向招标仍是二八开；至于拍卖出让的地块幅数则寥寥无几[②]。上海如此，其他地方的情况亦可见一斑。从市场经济的发展要求看，严控双方协议，扩大公开招标，启动拍卖程序是土地有偿使用改革的必然方向。其二，出让地块中基本是"生地"，即只有最基本的"三通一平"（水、电、煤通，道路平整）配套设施。目前，"生地批租"在房地产开发中，特别是在住宅开发中已显露出种种弊端：开发商从受让的"生地"到能开工建设，要加盖100多个图章，手续还是十分繁琐。此外，一些开发商在重大市政设施周边"圈地"，重大工程变成了开发商的"免费午餐"。如有些楼盘开在城市大型公共绿地边上，城市公共绿地变成了开发商嘴中的私家花园，楼盘的价格则应声而起。这就造成国有土地资源的附加值白白流失，政府用公共财政建设绿地，但其周边地块的增值收益却主要流进了开发商的口袋。鉴于此，"生地"出让面临着进一步改革。如上海从2002年开始，住宅建设用地的使用权出让办法做出重大变革：由"生地批租"改为"熟地竞标"。即将原来只有"三通一平"的"生地"，经过配套规划（如绿地、轨道交通等）、办全开发手续等一系列"包装"，使之成为"熟地"后，通过竞标的方式，向开发商公开招标出让。

#### 4.1.2.3 土地有偿使用中的主要利益分割

由于具有资源的稀缺性和不可再生性，在城市开发中土地的商品价值从所有者手中转移到使用者手中的过程必然会产生利润，通俗地

---

① 协议出让方式主要指集体土地所有者和拥有土地使用权的国有单位，与土地受让者两方进行协商定价出让和转让土地，由此容易形成土地交易的暗箱操作，无法形成公平的竞争环境，同时造成土地收益的流失。

对协议出让国家有明文规定，协议出让的地块主要适用于工业、仓储、市政公益事业项目以及政府为调整经济结构、实施产业政策而需要给于优惠的建设项目。像上海市前一时期内就把旧区改造地块列为优惠项目。对于投资环境好、盈利大、竞争激烈的商业、旅游、金融、服务业、商品房等用地，应更多地通过拍卖程序。

② 房地产时报，2002-08-20

讲，带来了“金钱的好处”。那么接下来就要问，这些“好处”都给了谁？即土地有偿使用所产生利润被哪些利益主体分割了。

其一，看一看地方城市和地方政府。毫无疑问，城市土地有偿使用在筹集城建资金、调整用地结构、改善城市环境、加快基础设施建设等方面发挥了重要作用。在计划经济实行土地行政划拨的条件下，城市建设资金由上级政府和中央统一划拨，资金量小，使用也缺乏灵活性，对于完善配套城市各项基础设施、改善城市环境面貌可谓是杯水车薪。城市土地实行有偿出让转让后，极大增强了城市筹集建设资金的能力。例如上海，土地批租已经成为城市建设稳定的资金渠道之一，据统计上个世纪 90 年代的 10 年间，上海仅这一项就筹集资金 1000 多亿元①。城市通过土地批租积累了建设资金，就有能力建设学校、体育场、图书馆、剧院、老人院等公共设施和公益性设施，完善道路、供电、供水和污染防治等基础设施。这样城市环境改善了，城市生活质量提高了，又会给土地批租的价格带来积极的影响。因此，这是一条良性循环的“资金链”。同时，批租和开发还带动了城市建筑业、房地产业和各类服务业等相关经济产业的繁荣。这样看来，城市土地有偿使用给城市建设注入了新的活力，对城市经济发展也是有好处的。

地方政府代表国家，是土地使用的实际管理者和具体操作者。它能够“自下而上”地积极进行土地有偿使用制度的改革，其真正的动力是什么？除了对于城市环境改善和经济发展有利之外，它从中还会得到其他“好处”吗？

从行政学理论上看，城市政府是代表全体市民的利益来讲话的，除了维护全体市民的共同利益和要求，即社会公共利益外，城市政府没有、也不应该有基于自身需要的利益，更不允许用掌握的权力去谋求实现自己的利益。市场经济下，政府的职能就是制定市场规则，维持市场秩序，提供社会公共服务。但是在这些“应然”理论下，在我国现代政治体制下，值得注意的是地方政府在维护公众利益的同时，对所谓的“政绩”和“地方经济发展指标”的追求有着更深远的动

① 傅贤伟，张奕. 城建投融资改革创新路. 解放日报，2002-06-27（6）

力。因为前者是为他人（公众）谋取利益的，即前文曾论述过的——公众利益的主体并不是地方政府，政府这一职能的实现主要依靠其自身的职业道德和相关法律来规范和维持；而后者则关系到政府自身、特别是政府官员的发展和仕途，可以说更趋向利益主体的自身需要和本质追求，在此，利益的主体和客体是统一的，由此注定了地方政府对“政绩”和“地方经济发展指标”的追求是永恒的。那么，在土地有偿出让过程中所伴随着的城市形象提升和城市相关产业的繁荣恰恰符合地方政府对“政绩”和“经济指标”的追求①。

综上所述，改革过程中地方政府已然成为具有自身需要的一方利益主体，这是当前中国城市建设中一个不争的事实。

其二，看一看开发商。土地作为商品，以协议、招标或拍卖的方式出让给的对象，是各种类型、以盈利为目的的房地产开发公司，即开发商。这里的房地产开发公司，有别于计划经济下负责分配住房、维修物业的政府房管部门，它们是以土地开发、项目开发和住房开发来谋求公司的盈利及利润最大化，它们是改革中城市建设领域新出现的市场主体。正如前面安德鲁·黑马所认为的，建立以盈利为目的的房地产开发公司，是中国土地制度改革中最有意义的措施之一，其意义就是培育了符合市场经济竞争规则的城市建设开发的主体。同时，伴随着改革中我国经济成份的多元化发展，房地产公司的类型既有国营的（如最早的城建综合开发公司）、集体的，也出现了中外合资的、外商独资的、私营的等等。但无论是私营的开发公司，还是国营的开发公司，都是以追求利润回报为目的的，都期望每块受让的地块能以最小的投入（包括提供最少的公共设施、基础设施，规划较少限制等）得到最大的回报率。这样，城市建设中一种新的利益形态已经出现——开发商（利益主体）在土地受让—开发—出售（或土地受让—

① 由此就不难理解当前我国城市发展中一些触目惊心的案例，在最终决策中地方政府往往不得不倾向于开发的需要以及开发商的要求，特别是一些跨国集团和有实力的开发企业。而同时部分市民的利益、城市历史文化留存的保护以及其他一些社会公共的需要就被暂时牺牲了。如据中央电视台《焦点访谈》报道，在武汉，一开发商竟然从政府手中拿到长江防洪堤内的土地，开发建成了“独一无二”的滨江花园楼盘。再如，目前我国一些风景名胜区遭到房地产大鳄垂涎，景区土地不断受到蚕食，致使整体景观资源和生态受到破坏，像北京的香山、南京紫金山风景区、泰山、崂山等等。

转让）这一过程中完成了对于开发利润（利益客体）的追逐。

其三，在土地使用中，还有一类主体——市民个体值得关注。诚然，由于市民既不是土地使用的管理者，也不是土地的受让者，因此他们没有机会、也没有能力直接参与土地的开发过程，也就不会直接参与土地使用过程中的利益分割。但是，市民却是直接承受土地开发所带来的“好处”，如生活环境的改善和城市发展；同时，也可能不得不承受由土地开发所带来的公共利益受损的负面影响，如生活的历史街区被破坏，周边的公共绿地被侵占，住宅的“采光权”被侵犯，承受日益拥挤的交通环境等等。公共利益蕴含了市民于环境所应该拥有的自然权利，这里就涉及到对公众利益的法律保障问题，这个问题将在后文研究中进一步阐述。简言之，市民并不能主动地从土地开发中直接获利，而只是被动地承纳和接受土地开发所带来的后果。

### 4.1.3 住房商品化

#### 4.1.3.1 政策回顾

住房商品化和土地有偿使用是推动我国城市房地产开发和房地产业从无到有、并走向繁荣的“两驾马车”。我国的住房制度改革始于1980年代初，改革的最初原因和动力是国家不堪为全体职工提供建设住房、维修物业的财政重负，需要住户个人来分担一部分，这就有了提高公房的房租水平。但其后随着房地产开发的兴起、居民收入水平不断提高以及住房商业贷款等其他改革措施的到位，住房制度的改革开始指向商品化的目标，并在上个世纪末逐步地、彻底地取消了福利性分房，将居民住房需求的解决推向了市场。这样，我国的商品房市场，特别是在东部沿海开放较早、经济较发达的省市已经形成，其主要标志之一就是住房消费的主体结构已经发生了根本变化，城镇居民个人取代原计划经济下的“单位”成为住房消费的主体。据统计，到2000年全国城镇商品住宅销售中，个人购房比例超过70%，上海、天津、广州等城市个人购买商品房的比例已经超过95%①。由此可见，住房已经开始成为真正意义上的商品了。

① 住的像个人样. 新周刊，2000（15）

#### 4.1.3.2 市民利益的真正凸现

笔者认为，住房商品化改革对建设领域社会关系和利益结构最重要的影响，是市民利益，即个人利益在中国的真正形成。这也是呼唤立法规范个人权利、保障个人利益不被损害的客观背景。

无论是购买商品房的居民，还是购买公房的居民，都成了房屋的私人业主，拥有了私人财产，财产权的界定产生了与之相连带的一系列个人利益的需求和愿望。众所周知，在计划经济体制下，居民个人生活所有的需要，包括住房、医疗、教育、养老等等都由国家以福利形式统一提供，居民无须选择、也没有追求和选择的机会。这样，基于个人的所有需要就被国家利益和集体利益所代表，个人利益的内容成为空壳而根本不存在。20 世纪 80 年代初的改革彻底改变了个人生活的状态。改革鼓励个人追求财富和创造财富，那是一个个人生活激情荡漾的时代。当时一部家喻户晓的电影《雅马哈鱼档》就是描述了广州一群卖鱼的个体户，进行原始资本积累的冲动和喜悦。这一时期开始崇尚个人生活目标的实现，广州、深圳、个体户、奇装异服、卡拉 ok、发廊、王朔、流行歌曲……就是涌现出来的代表词汇。无疑，个人利益开始苏醒了。同时在城市建设领域，住房商品化使得居民拥有了与个人生活密切相关的、具有真实内容的个人利益。个人购买商品房的业主同福利分配住房的住户相比，有一个极大的不同——就是业主非常关心自己的物业以及与自己住房相关的一切社区利益，如住房的环境，社区的治安，教育设施的布局和公共服务配套等等（张萍，2001）。因此，社区就近应布置幼托和小学，让社区儿童和小学生安全且方便的使用；小区的公共活动绿地不能随便改建成停车场或建成设施对外出租以获利；小区中的餐厅要考虑油烟和噪声是否影响了周边居民的生活……这些社区住户个人需求的出现，是因为这些行为有可能直接或间接地影响到居民依据个人财产所拥有的个人利益。

值得注意的是，居民基于住房而产生的个人利益需求的维护基本要在社区范围内解决，要由社区建设来保障。如社区环境维护和改造、物业管理、社区治安、公共服务、养老等等，都要由社区来提供。由此，社区发展的取向、社区服务是否完善以及社区自我管理的能力在很大程度上决定了个人利益的存在状态和发展趋势，从这一点上说社区是居民个人利益的重要载体。

### 4.1.4 城建投资——引进外资和民间资本

#### 4.1.4.1 外资

“改革”与“开放”是最能代表1980年代初以来中国社会变化和发展的两个事件，同时也是解释中国社会正在发生的变化的两个根本原因。其中，所谓对外开放，就是允许并鼓励外商和港澳台同胞来华投资。

首先，外商投资的地区是与我国的开放格局密切相关的①。其次，在外商投资的行业方面，尽管说很多行业都有涉及，但无疑房地产业是最吸引外资的行业之一。建设部1993年发布的《发展中国房地产与房地产业政策框架（三）》一文中提到，“从一定意义上说，房地产业是经济活动的‘寒暑表’。我国对外开放事业的发展，也首当其冲地表现在房地产业上。”房地产业在我国是个新兴的产业，市场供求关系上是“需”大于“供”，市场主体（即开发企业）之间的竞争还不充分，初期的中国房地产市场可以说就是吸引外资“眼球”的“第一桶金”，因为房地产业在我国是一个高利润的产业②。资本总是流向能够使其获得最高利润的地区，正是对利润敏锐的“嗅觉”，吸引着来华外商将资本投入最赚钱的行业之一——房地产开发。近十几年的城市建设实践证明，房地产一直是外商来华投资的热点之一。

---

① 我国的开放格局：从东南沿海城市向沿江（长江）、沿边（边境地区）和各省、自治区中心城市逐步拓展。在沿海地区，先后建立了深圳、珠海等5个经济特区及十几个开放城市，形成了长江三角洲、珠江三角洲、闽南三角地区以及辽东半岛、山东半岛的经济开发地带；在沿江地区，以上海浦东为龙头，东起长江口，西至重庆，开放了几十个重点城市，形成了长江流域的经济开发带；在沿边地区，吉林、新疆、广西、云南等地的周边贸易得到大发展。同时，全国内陆省区也逐步成为外商投资的选择。

② 在我国推行住房商品化改革及逐步取消福利分房的改革背景下，外资企业的员工、私营企业的员工、个体户、私营企业的老板、进城经商的非农人员等原体制外的人，开始成为商品房市场的主要购买主体。而且这股力量的规模在加速城市化的条件下在不断的扩大，随之对于商品房的市场需求总体上是持续扩张的趋势。

建设部在《发展中国房地产与房地产业政策框架（三）》［城市规划，1993（1）］一文中指出，房地产业在我国是一个高利润的行业。

#### 4.1.4.2 民间资本

所谓“民间资本”，顾名思义就是非国有资本，一类是民营企业的钱，一类是普通百姓口袋里的钱。民间资本是伴随着国家改革的进程成长起来的。在多种经济形式共同发展的经济改革中国家对民营经济（包括私营经济）的政策倾向是逐步加强的，以下是宏观经济背景中民营经济的作用及法律地位走向，有助于我们整体把握这一类主体利益的发展趋势。

—文化革命期间：割资本主义尾巴，私营经济没有生存的空间；

—1977 年左右，报纸等新闻媒体上还出现过这样的标题，《坚决维护社会主义公有制，粉碎城乡资本主义的进攻》；

—1982 年，党的十二大提出“计划经济为主，市场调节为辅”的经济原则，允许民营经济适当发展；

—1987 年，党的十三大提出“民营经济是公有制经济必要的、有益的补充”；

—1992 年，党的十四大明确了建立社会主义市场经济的改革目标，提倡民营经济和公有制经济共同发展；

—1997 年，党的十五大提出，“民营经济是我国国民经济的重要组成部分”。1999 年的《中华人民共和国宪法修正案》将第十一条修改为：“在法律规定范围内的个体经济、私营经济等非公有制经济，是社会主义市场经济的重要组成部分。”“国家保护个体经济、私营经济的合法的权利和利益。”至此，民营经济的法律地位得到确认；

—2002 年，党的十六大指出，“坚持和完善公有制为主体、多种所有制经济共同发展的基本经济制度”，并进一步指出，“必须毫不动摇地鼓励、支持和引导非公有制经济发展。个体、私营等各种形式的非公有制经济是社会主义市场经济的重要组成部分。”“充分发挥个体、私营等非公有制经济在促进经济增长、扩大就业和活跃市场等方面的重要作用。放宽国内民间资本的市场准入领域，在投融资、税收、土地使用和对外贸易等方面采取措施，实现公平竞争。”此外，在个人财产的法律保护方面，首次提出，“完善保护私人财产的法律制度。”紧跟其后，九届全国人大常委会首次提请审议的民法草案在物权法一编中明确规定，法律保护国家所有权、集体所有权和私人所有权。草案并对私人所有权作出专章规定[①]。

在国家政策越来越大的发展空间里，民营经济从无到有逐步成长壮大起来，同时普通百姓的收入不断提高，经过从1980年代初开始近20多年的资本积累，民间资本的“总盘子”越来越大，已经聚集了相当的“能量”。据统计，到2001年底，全国储蓄余额已达8万多亿元，再加上人们手中的现金、国债、外汇等等，实际的民间资本存量约为10万亿元人民币[②]。因此，民间资本的作用不容低估，国家立法也给予相当关注，国家计委就于2001年底颁布了《关于促进和引导民间投资的若干意见》，《意见》在放宽投资领域、拓宽融资渠道、公平税费政策、完善社会服务等方面均作出了有利于民间投资发展的规定。

民间资本的介入对于需要巨大投资的城市建设，包括房地产和基础设施建设意义重大。

政府开始引进民营投资，主要是因为某些建设工程投资大，国家补助有限，地方财政又难以承担，而使民间资金获得了一点投资的空间，但对于一些高利润的行业，如高速公路建设等方面还有诸多的“门槛”和“禁区”。温州国家级风景区雁荡山就有4个景点由私人及私人合资开发而成，如雁荡方洞是由当地几位农民投资800多万元开发，目前，年客流量达30万人次；“谁投资、谁受益”的政策和“投资大、见效慢、低风险”的特点吸引民间资金投向大型基础设施。如乐清市5年来水利设施总投资为5.94亿元，其中多渠道自筹资金3.09亿元，占了一半多。再如近年来温州民间资金开始进入水电站建设，据温州市文成县水利局统计，该县2001年1亿多元的水利开发资金中，民间资金约占40%，文成县的李林一级、年青峡二级、仙岩二级等水电站均属私人投资开发[③]。

随着城市建设投融资领域的市场壁垒被逐步打破，民间资本，

---

① 草案规定，本法所称的私人所有权，包括自然人以及个体经济、私营经济等非公有制经济的主体，对其不动产或者动产享有全面支配的权利。私人对其依法取得的工资、奖金、房屋、生活用品等生活资料享有所有权。私人对其依法取得的劳动工具、原材料等生产资料等享有所有权。

② 晓理. 唤醒民间资本. 解放日报，2002-10-21（5）

③ 温州：企业家的城市. 经济观察报，2002-03-04

包括个人投资进入了一条新的“引水渠”。在上海，代表着新的城建投融资体制的城市建设投资开发总公司自1992年成立以来，累计筹措资金1200多亿元，投资建成了40多个重大基础设施项目，包括高架道路、越江隧道、自来水与煤气等市政工程。2002年3月，上海城市建设投资开发总公司公司所拥有的沪杭高速公路上海段99.35%的股权，以32.07亿元的价格，全部出让给一家民营企业——福禧投资控股有限公司，这标志着民间资本开始进入高利润的大型基础设施存量运营领域①。据统计，目前，包括民营企业和个人投资在内的民间投资已占上海城市基础设施建设投资额的半壁江山，而在高速公路网建设项目中所占比例则高达七成。此外，住宅开发、建筑业都成为民间投资的热点。

还有一个有意义的事件是个人投资大规模进入城市基础设施建设。据报道，2002年上海国际信托投资有限公司的信托产品——“上海磁悬浮交通项目股权信托收益权投资计划”推出不到1个小时，近2亿元的“总盘子”全部告罄；在此之前，总规模5.5亿元的“上海外环线隧道项目资金信托计划”原计划一个月售完，也仅用了7天就销售一空，认购以上两种信托产品的大多是个人投资者②。

#### 4.1.4.3 投资主体和投资渠道多元化

伴随着城市建设投融资体制的改革，投资渠道由封闭走向开放，投资的主体由单一到多元，而地方政府对建设投资的管理由直接到间接。以上海市为例，据统计，上世纪90年代以来，上海累计完成基础设施投资3650亿元，住宅建设投资3500亿元，分别占前50年投资额的90%和60%以上。如此巨大的资金额在短短10年里聚集，得益于多元的投资渠道和投资主体的形成。目前，上海城市建设已形成8条稳定的资金渠道。一是政府财政投入；二是各项市政设施的规费收入；三是土地批租，上个世纪90年代的10年间，上海仅这一项就筹集资金1000多亿元；四是银行信贷，其中向外国银行融资便高达32亿美元；五是发行建设债券，10年累计筹资120多亿元；六是证券市

① 傅贤伟，张奕. 城建投融资改革创新路. 解放日报. 2002-06-27（6）

② 晓理. 唤醒民间资本. 解放日报，2002-10-21（5）

场融资；七是盘活存量，实施专营权有偿转让[①]；八是国内外的各项直接投资[②]。

显而易见，城市建设投资的众多渠道带来了多元化的投资主体，政府作为单一的投资主体已经成为原计划经济下的历史。在多元化的主体中，有地方政府、外国银行、外国企业、国营企业、民营企业，还有普通百姓的个人投资。当然，资本总是追逐着利润，与金钱的投入相伴而生的则是投资主体在城市开发建设中的“话语权”，与金钱的投入相伴而生的还有他们的利益追求及其法律保障要求。特别是直接地投资并参与建设的主体，他们的利益内容一般比较具体，往往在城市开发建设中与其他主体发生直接的关系，产生各自不同利益的相互博奕，因此这是一类值得关注的新生的利益形态。这一类主体主要包括了各种性质的开发企业——外资的、民营的和国营的，他们投资参与城市建设开发有着共同的目的，即盈利和获取最大利润，因此往往把他们统称为开发商，抑或发展商。而市民个人投资主要是借助债券等形式，以获取债券增值为目的，且资金分散，间接参与，因此与其投资相随的“话语权”非常微小。

## 4.2 城市规划建设领域的利益分析

始于1990年代初的中国市场经济改革，特别是土地有偿出让转让、住房商品化和城建投资渠道多元化三项具体改革措施，打破了原先计划经济体制下土地、住房、资金等资源的配置方式。土地和住房开始具有商品的属性，能够通过买卖和交换获得盈利，而拥有资金的社会主体可以自由选择和参与开发能够带来高额利润的建设项目。这样，在城市规划建设领域，一些新的利益主体和利益形态已经形成，并且通过相互之间的交织和竞争动态地走向新的利益结构关系。面对这些新的利益冲突和矛盾，城市规划法是如何界定它们的法律权利

---

① 专营权适用于高速公路等经营性项目，而越江设施、垃圾焚烧等属准经营性项目，则是采取一定政策措施，使之具备一定的经营条件后吸引各方资金。而对于公益性项目，则由政府投入或由政府性投资公司融资解决。

② 傅贤伟，张奕. 城建投融资改革创新路. 解放日报. 2002－06－27（6）

的？承认谁、保障谁、制约谁？这是规划法从根本上无法回避的价值判断。而城市建设领域的利益关系研究是进行法律价值判断的理论前提和基础。对这些利益形态进行分析，确认当前我国社会转型时期城市规划建设领域的利益存在状态和发展态势，评价不同利益之间的结构关系，是城市规划利益研究的重要构成要素。正如有的业界人士也谈到，“我国城市规划应研究建立和发展权衡多边利益的理论和方法，并将城市规划的经济性和社会公平性作为评价规划优劣的两项重要标准。”① 笔者认为，首先认识城市规划建设领域各种利益形态的具体内容，判断它们的存在状态和发展态势，并就不同利益之间的关系结构进行剖析，应该是权衡多边利益理论中的基础性内容。同时，这无疑也是社会学方法视角下反思和研究规划法价值取向的重要基础。

## 4.2.1 利益分析的原则与思路

### 4.2.1.1 利益分析的原则

本书对城市规划建设领域利益分析的原则有三条。

其一，立足于中国城市规划建设改革的实践与变化，从利益主体的角度进行利益结构分析。综观现阶段城市规划建设领域的利益主体，主要包括市民（个人）、地方政府及政府官员、开发商和社会公众。他们利益需求的演化与规划建设领域整个利益结构的走势具有紧密的关系，他们基本涵括了这一领域已经成熟及正在形成的利益主体。

其二，城市规划建设领域作为社会范畴的一个子系统，其各主体的利益形态必然能在利益的一般分类理论中找到归类。如市民的需要和主张应属于个人利益的范畴，开发商、地方政府的利益可以划归集体利益的范畴，社会公众的共同愿望应是社会利益的范畴。这里笔者认为，理解城市规划领域各利益形态在一般利益分类中的位置固然有意义，但是，本书研究的目的并不是仅仅对城市规划建设领域的利益形态进行简单归类，而是希望能够藉此把握利益主体的关系变化的态势，为规划法的价值调整奠定现实的利益分析和权衡的基础。

① 张兵. 关于住房制度改革对我国城市规划若干影响的研究. 城市规划，1993（4）

其三，由于社会转型期社会结构的调整处于一个动态的过程中，我国各地区的发展又极不平衡，在社会学者看来，整个社会尚未形成边界清晰、具结构性的地位群体和分层结构。因此，本章利益研究的重点不在于将当前城市规划建设领域的利益进行硬性的“归类”，划分归纳出个人利益、集体利益、国家利益和社会利益，而是集中分析那些对这一领域社会利益关系的分化产生结构性或趋势性影响的一些利益主体及其利益变化特征。

#### 4.2.1.2 利益分析的思路

对当前城市建设领域利益关系进行研究还是循着“建设——购买（或消费）”的分析框架，这与本文第三章分析计划经济及其影响下此领域的利益关系的思路是一致的。

在开发建设这一过程中，由于土地供给和资金投入两个关键环节都经历了市场化的改革，土地供给由行政无偿划拨完全走向市场有偿出让转让，建设资金则由国家计划投入转向国家、地方政府、外资、民间资本等共同参与的多元化的投资渠道。因此，在当前的城市规划建设领域，一些新的利益主体已经出现，并形成了独立的利益内容。其中，比较突出、相对稳定并且对规划建设领域的利益结构变化有着重要影响的利益主体，主要包括开发商和地方政府。开发商指各种类型的开发建设企业，有外资的、中资的、中外合资的；有国营的，也有民营的。它们已经构成了城市开发建设中的主要市场主体。地方政府作为公众利益代表的同时，在城市开发建设过程中也形成了自身的利益需求，如以开发活动带动地方经济发展，热衷于“形象工程”和“地方经济发展指标”，谋求本届政府的“政绩”。

在建设使用或消费过程中，虽然基本的使用或消费主体与计划经济影响下没有多大的变化，在国家机关、企事业单位（国有、集体）和个人之中只是企事业单位的所有制类型更多元了。但是，对于整个利益结构变化具有意义的是一类利益的凸显——市民在商品房消费过程中所形成的个人利益。

以上是从生产的过程来考察城市规划建设领域利益主体和利益形态的变化情况。如果从引发利益变化的根本因素来看，正是城市土地有偿出让转让、住房商品化和城建投资渠道多元化推进了城市建设领域的市场化改革。改革并没有改变城市规划的客体对象——无论是市场经济还是计划经济，规划过程中面对的城市资源无非都是土地以及住房、资金等要素——改革是在逐步减少原有“计划性”建设的同时，开辟城市开发的市场和培育各类市场主体。因此，尽管规划对象没有变，但是其规划和配置的方式却变了，已经由原先集中计划配置的方式逐步加强向体制外的分散与转移，这直接促使规划建设领域新的社会主体与利益形态的出现。新的变化主要表现在两个方面：一方面，在原有的计划经济体制之外新生的市场主体及其利益形态开始出现并走向独立，他们占有资源的能力在大幅度上升，如开发商。另一方面，原有制度结构中社会主体的关系及其利益需求开始变化。比如市民个人，改革后他们占有资源的能力，他们在城市建设中的地位以及他们出于自身生活需要的主张和要求都发生了很大的变化；再比如地方政府，改革后它们不再仅仅是中央政府的执行机构，城市开发建设愈来愈成为地方政府自主决策的领域。

## 4.2.2 市民（个人）利益

### 4.2.2.1 利益内容

市民利益的主体是每个市民个体，它属于个人利益的范畴。

总的来看，城市建设中广大市民的切身利益具体体现在两个层面。一个层面是市民对于居住、工作、游憩和交通于其间的城市物质环境的要求，另一个层面是市民参与物质环境规划建设的权利需要。市民对于城市物质环境的利益要求是与其所拥有的住房所有权紧密联系在一起的，其具体内容主要包括：

——市民的住房要求；

——市民对所居住社区的绿化、幼托、老人活动、超市、菜市场、社区服务、安全防卫、物业管理等环境要求；

——市民希望城市中能呼吸到新鲜的空气，喝到纯净的水，能看到蓝天、白云和绿水，即对于城市环境的生态质量要求……

市民对于生活环境建设的参与权利源于这样一个事实——城市是人民的城市，城市建设是人民的事情，市民对于决定和影响其生活环境的城市规划和城市开发建设项目应该拥有参与的权利。这种权利包含了知情权、发言权及合理意见被采纳的权利，是市民基于个人生活环境的需要所提出的主张和所表达的愿望。对于居住社区中的规划和开发建设行为，社区居民，特别是可能受到其影响的居民不仅要有知情权和发言权，还应该有决定权或否决权。

#### 4.2.2.2 利益特点

所谓市民利益，通常首先着眼于市民个人的要求和愿望，着眼于眼前的利益内容。城市的长远利益和公共利益往往并不是他们主要考虑的内容，至少不是首位度考虑的问题。在由最高人民法院主编的《城市规划行政诉讼》（2000 年）一书中，有关市民提起行政诉讼的典型案例基本是为了保障自己住房的采光、通风、安全使用等问题，极少有某某市民因规划开发破坏了诸如城市历史文化街区风貌等公共利益，而状告开发商或地方规划建设管理机构的案例。分析这些发生的典型案例，如李耀堂等 17 户居民为维护住宅采光权，不服伊犁地区建设处行政复议决定案等案例，充分反映了市民利益所关注内容的个体性和眼前性的一面，反映了诉求于法律的市民利益往往是以市民居住要求为基础的①。

尽管在城市规划建设领域市民利益是与他们的住、行、环境等切身需要密切相关的，但是，对于如何保障并实现自身的利益，每个市民个人并不具备相应的能力和资源。现代制度经济学的分析认为，一

---

① 据《城市规划行政诉讼》一书，“李耀堂等 17 户居民为维护住宅采光权，不服伊犁地区建设处行政复议决定案”的基本案情：1995 年 2 月 28 日，伊犁地区房地产开发总公司根据伊宁市规划局的批准，在伊宁市斯大林街三巷 11 号建造 7#、8#两幢商品楼，总面积 4000$m^2$。同时批准靠近原告人住宅楼的 7#商品楼准建 4 层，与原告人住宅楼采光间距不小于 1:1.2。但房产公司在 7#楼建至四层后，未按批准高度封顶，继续施工至五层，影响了原告人的采光。伊宁市规划局经过调查，于 1995 年 10 月 16 日作出城罚字第 026 号《城市建设规划违法案件行政处罚决定通知书》，决定给予房产开发总公司罚款 10 万元，拆除第五层的处罚。房产开发总公司不服该处罚决定，向被告建设处申请复议，建设处于 1995 年 10 月 26 日作出伊地建城复字（95）第 1 号《城市规划案件行政复议决定书》。该复议决定：一、伊宁市规划局向伊犁地区房地产开发总公司核发的“一书两证”及其附件，均属合法；二、撤销伊宁市规划局向伊犁地区房地产开发总公司下达的“停工通知书”和城罚字第 026 号《城市建设规划违法案件行政处罚决定通知书》；三、根据伊宁市 3 号小区规划要求，在充分征求双方当事人的意见后，并考虑工程周围居民的生活环境，同时顾及到开发总公司的经济利益，7#商品楼就此 5 层封顶，并取消女儿墙。李耀堂、金伯贤等 17 人不服，以该复议决定侵犯了其 17 户住宅的采光权为由，于 1995 年 10 月 30 日向伊宁市人民法院提起诉讼。

个社会集团的力量大小、获取利益的能力大小，并不取决于它的人数多少，而是取决于它的组织程度；而组织程度的高低又与集团成员的经济状况和金钱掌握有关。组织的力量是强大的，而通过金钱或其他渠道与权力相结合的组织力量尤为强大①。这样一来，分散的人群与组织之间在动员物质资源方面严重不对等，在谋求和保障自身利益方面的能力也有弱有强。市民往往是分散的，他们通常关心的往往是自身个体的需要和愿望。同时，他们的经济条件可以说千差万别，与权力并没有天然的联系，即使对同一城市开发建设行为，他们的观点也往往不同（如它们居住于其中的历史街区在城市开发中是应该拆、还是不应该拆等等）。因此，分散的市民很难具有组织性。从这个角度考察，单个市民支配社会资源、保护自我利益的能力是相对弱小的。

#### 4.2.2.3　现行规划法对市民利益的规范

城市规划建设领域市民利益的觉醒和形成，是我国市场化改革导致社会利益分化的必然结果。当市民利益成为社会稳定的、普遍的需要时，当有关市民利益的行政复议和行政诉讼案件在城市开发建设中日趋增多时，市民利益的法律保障需要必然会诉求于规划立法。

德国法学家耶林（Rudolf von Jhering）指出，权利就是法律所承认和保障的利益。只有当利益转化为法律上的权利，这种利益不仅得到了承认，还得到了法律的保障和实现。当然，这时利益的主体须与法律上的权利主体相一致，利益才能伴随法律权利的实施而得到保障。因此，如果要判断规划建设领域的市民利益在法律上的保障状态如何，就要分析一下市民在规划立法上获得了什么样的权利。

首先，从城市规划的核心法律《城市规划法》（1990年）来看，只有在第一章第10条涉及到市民利益的主体——市民个人，其条款具体内容是，“任何单位和个人都有遵守城市规划的义务，并有权对违反城市规划的行为进行检举和控告。”市民个人被规范了遵守规划法律的义务，而市民权利则体现在对违反城市规划的行为进行检举和控告。这里，市民权利的构成有两个方面。一方面，权利行使指向的

① 党国印．向农民伸出援助之手．南方周末．1998－10－23（1）

对象是“违反城市规划的行为”，包括违法建设行为和违法行政行为，这就意味着市民的权利行为是一种被动行为，即只有城市规划违法行为出现了，市民才能依法律权利采取行动；另一方面，权利行为方式是“检举和控告”。但是在以后各章的具体条款中，没有规定市民通过什么途径、依据什么程序来行使这一权利，也没有指出违法行为所影响的当事人和其他非当事人，他们进行“检举和控告”的程序是否一样。总的来看，《城市规划法》对市民权利的规范基本是原则性的，对于权利实现的法律程序规定则是缺乏的，也没有就此原则条款授权其他配套法规来细化，而没有可操作性的程序性内容支持的法律条文上的权利无异于空中楼阁。另外，《城市规划法》对市民权利的规范是指向具体规划建设行为的，即具体的开发行为和规划行政行为，市民权利不包括参与城市规划宏观层面的决策过程，如城市总体规划和其他法定图则的编制审批。

其次，从地方城市规划的核心法规来看，基本上大多数地方都沿用了中央《城市规划法》对于市民权利的原则性规定，而未作更具操作性和实施性的规范。但其中也有几个地方城市在《城市规划法》相关原则性条款的基础上，结合地方城市开发和规划管理的具体情况，对市民权利作了进一步的规定。如《上海市城市规划条例》（1995年）第三章第二十一条进一步规定，“制定城市规划，应当有组织地听取专家、市民和相关方面的意见。”《山东省实施〈中华人民共和国城市规划法〉办法》（1991年）第一章第七条则规定，“任何单位和个人都有遵守城市规划的义务，有权对城市规划的编制和实施提出建议并进行监督，有权对违反城市规划的行为进行检举和控告。”依据这些条款，上海市和山东省的市民群众除了有权反映已经违反规划的建设行为和行政行为，还有权在规划编制阶段就提出意见和建议。由此，市民参与规划的权利范围无疑是拓展了。但是，在法律如何保障这些权利的具体实现上还存在以下两个问题。其一，依据《城市规划法》及其解说，我国规划编制有两个阶段（总体规划阶段和详细规划阶段）、若干层次（总体规划纲要、总体规划、分区规划、控制性详细规划和修建性详细规划），市民是在所有规划层次都有发言权？还是只参与其中几个层次？如果是在个别规划层次有发言权，到底是哪个层次？其二，无论是政府编制规划时“听取市民意见”，还是“市民提出建议并进行监督”，到底市民通过什么方式和什么途径来提出意见和进行监督呢？必须是书面意见，还是口头意见也可以？是通过规划公开展示听取意见，还是通过听证会的方式？无论采取什么方式，有没有某一程序过程需要多少时间的规定？等等诸如此类涉及到市民权利如何真正实现的问题，特别是一些程序性的问题，在地方规划立法中是应该以更具体的法律条款来规范的。否则，界定的市民权利还是停留在“纸上谈兵”的阶段。

关于市民权利规范，在《深圳市城市规划条例》中相对更具体些。其第三章第十四条第二款就规定，“全市总体规划由市政府组织编制，市规划委员会①在审议全市总体规划草案前，应将规划草案内容公开展示30日，征集社会各界和公众的意见。市规划委员会应对意见进行全面收集与审议，吸收科学合理的意见。”其第四章第二十六和二十七条还规定，“法定图则②草案在公开展示查询期间，任何单位和个人都可以书面形式向市规划委员会提出对法定图则草案的意见或建议。”“市规划委员会应对收集的公众意见进行审议，经审议决定予以采纳的，市规划主管部门应对法定图则草案进行修改。市规划委员会在审议公众意见时，如认为必要，可通知提议人或某代理人出席。市规划委员会对公众意见进行审议后，应将审议结果书面通知提议人。经市规划委员会审批通过的法定图则应予公布。”这样，市民参与的规划编制层次、发表意见的方式和途径、主管部门进行规划展示的时间以及如何吸纳有意义的市民意见等操作性环节，都在具体法律条款中明确下来，可以说市民权利从权利范围界定到具体实施基本得到了规范。至于这些规范是否就全面了，则既要与其他国家和地区

---

① 依据《深圳市城市规划条例》，市政府设立深圳市城市规划委员会（以下简称是规划委员会），其主要职责包括：对城市总体规划、次区域规划、分区规划草案进行审议；对城市规划为确定和待确定的重大项目的选址进行审议；审批法定图则并监督实施等等。市规划委员会由29名委员组成，委员包括公务人员、有关专家及社会人士，其中，公务人员不超过14名。市规划委员会设主任委员1名，由市长担任。

② 依据《深圳市城市规划条例》，深圳市城市规划编制分为全市总体规划、次区域规划、分区规划、法定图则、详细蓝图五个阶段。其中，法定图则根据分区规划制定，对分区内各片区土地利用性质、开发强度、配套设施等作进一步明确规定。法定图则包括图表及文本两部分，由市规划主管部门组织编制，法定图则草案由市规划委员会公开展示征询公众意见后审批。

的相关法规进行比较，又要与我国地方城市开发建设和规划管理中的具体情况相适应。

当然，在分析中央和地方规划立法对市民权利的规范时，要注意立法形成的重要背景。例如，1990 年生效的《城市规划法》酝酿产生于 1980 年代中期，当时市场经济改革目标刚刚确立，社会分化和利益多元化的格局尚未显现，规划法的主要任务是恢复多年动乱中遭受破坏的城市规划工作，并保障国家和地方政府通过规划手段管理城市建设发展的职能实现。因此对市民个人权利不可能给予很大关注。而《深圳市城市规划条例》形成于 1990 年代末期，此时市场化改革推进已近 10 年，加之深圳处于我国改革开放前沿，城市规划建设领域多元利益需求已经凸显，受香港地区及国外规划立法影响，《深圳市城市规划条例》对市民个人利益保障做出了回应。由此不难看出，适应市场化改革深化过程中市民个人利益的保障诉求，规划立法在相应法律规范上演进的轨迹和取向。

### 4.2.3 开发商利益

#### 4.2.3.1 利益内容和特点

各种类型的开发企业，无论是国有的还是私营的，无论是独资的还是合资的，无论是中资的还是外资的，他们作为城市开发建设的市场主体都具有一个共同的属性——那就是以盈利为目的。基于这一本质属性，他们都可以被划归为开发商的范畴。

按照市场经济的规则，开发商必须关注自身的获利情况，否则在市场竞争中就无法成长。在每个项目和每块土地的开发中，他们当然希望提供最少的设施和付出最少的成本，使投资获得最大的利润。这是一种自然的市场行为，也是市场经济下所有商人经济行为的目的。一般来看，开发商的利益需要有两个特点：一是开发商一般只顾及自身利益，对于他们开发行为可能带来的“外部效应”很少考虑。比如，他们会通过形式“合法”的程序占用公共绿地，以减少开发拆迁的成本，尽管这可能侵占了周边社区的公共活动空间，损害了社区的公共利益，但他们一般不会对此予以重视。当然，从法律上看，开发商也没有维护公共利益的责任和义务；二是开发商利益一般都是眼前的，尽管从商业运作上可能会有更长远的计划，但最终还要看经济活动是否获利。他们不会顾及城市未来可持续发展的要求，很少考虑文化遗产的保护和留存问题。在市场经济高效率运作的要求下，开发商希望政府政策和城市规划越透明越好，对开发行为的反应越灵敏越好。对于政府以城市整体规划要求和社会公共利益为理由而提出的规划控制指标，往往被它们视为限制越少越好。

#### 4.2.3.2 现行规划法对开发商利益的规范

从中央规划立法到地方规划法规都规定，我国城市规划对建设开发的主要控制方式是实行规划行政许可，包括选址意见书、建设用地规划许可证和建设工程规划许可证（“一书两证”）。那么依据现行规划立法，开发商具有什么权利呢？

1. 具有申请开发所必需的各种规划许可证的权利。《城市规划法》第三十条、第三十一条和第三十二条分别规定，“城市规划区内的建设，工程的选址和布局必须符合城市规划。设计任务书报请批准时，必须附有城市规划行政主管部门的选址意见书。”“在城市规划区内进行建设需要申请用地的，必须持国家批准建设项目的有关文件，向城市规划行政主管部门申请定点，由城市规划行政主管部门核定其用地位置和界限，提供规划设计条件，核发建设用地规划许可证。建设单位或者个人在取得建设用地规划许可证后，方可向县级以上地方人民政府土地管理部门申请用地，经县级以上人民政府审查批准后，由土地管理部门划拨土地。”“在城市规划区内新建、扩建和改建建筑物、构筑物、道路、管线和其他工程设施，必须持有关批准文件向城市规划行政主管部门提出申请，由城市规划行政主管部门根据城市规划提出的规划设计要求，核发建设工程规划许可证。建设单位或者个人在取得建设工程规划许可证件和其他有关批准文件后，方可申请办理开工手续。”但是值得注意的问题是，如果开发申请被否决，或被退回，法律没有设定其继续上诉的权利。即使开发商对于申请被否决或退回持有异议，也没有规范的法律程序供其进行正常的理由申诉，以争取其申请被主管机构重新审议和采纳的机会。因此，开发商为保障申请被通过，只有通过法律程序之外的非正规途径，或请政府官员批条子，或进行所谓的“院外游说”，而无论是采取什么形式，本质上都是金钱与权力形成的交换关系，是用金钱“购买”某些权利及利益。

2. 如果因自身违法建设行为而受到主管机关处罚，具有在规定期限内申请行政复议和行政诉讼的权利。开发商申请行政复议和诉讼的权利，是发生在其进行了违法建设并受到了处罚之后。如《城市规划法》第四十条和第四十二条分别规定，“在城市规划区内，未取得建设工程规划许可证件或者违反建设工程规划许可证件的规定进行建设，严重影响城市规划的，由县级以上地方人民政府城市规划行政主管部门责令停止建设，限期拆除或者没收违法建筑物、构筑物或者其他设施；影响城市规划的，尚可采取改正措施的，由县级以上地方人民政府城市规划行政主管部门责令限期改正，并处罚款。”“当事人对行政处罚决定不服的，可以在接到处罚通知之日起十五日内，向作出处罚决定的机关的上一级机关申请复议；对复议决定不服的，可以在接到复议决定之日起十五日内，向人民法院起诉。当事人也可以在接到处罚通知之日起十五日内，直接向人民法院起诉。”

从以上开发商的权利范围来看，规划法所设定的基本是其进行正常的开发活动所应该具有的权利。但是，法律不设定开发申请被驳回的上诉机制，就迫使开发商只能寻求法定程序外的途径与权力结合，以获得所需要的开发许可证。无疑，这不利于建立一个公开、公平的利益调控的法定程序，而多元利益的平衡机制只有在这样的程序下才能形成。

### 4.2.4 地方政府利益

#### 4.2.4.1 利益内容

分析我国地方政府的利益内容，要在当前两个背景条件下进行。一个背景是地方与中央关系的演变。计划经济下各项资源由中央进行统一安排，地方政府的角色就是中央一系列政策的执行。地方政府既没有谋求发展的资源，也没有城市建设的自主权和发展的积极性。到1990年代初，随着市场经济改革目标取向的明朗化，城市各项改革得以向纵深推进，中央在投资、金融、税收等方面对地方实行放权让利。此后，地方政府通过招商引资、有偿出让土地等途径筹集了大量建设资金，其支配各项资源的自主权也愈来愈大。城市开发建设与城市发展开始成为以地方政府自主决策为主的事情。另一个背景，在中国的官僚政治中地方政府官员实行任期制，一届政府任期五年，任期内政府官员往往是城市建设的最终决策者。地方政府官员的仕途升迁往往与其任期内的“政绩”有一定联系，而城市建设的“形象工程”既与政府官员的“政绩”有某种隐含的关联，也是其出政绩比较直观、比较快捷的途径。

这样，在地方投资急剧增长和大规模的城市开发中，地方政府出现了自身的利益需求和取向：

——地方政府所追求、所关注的利益内容一般是“政绩”、“地方经济发展指标”和“社会公共利益”。在当前以经济建设为中心、强调发展是硬道理的整个社会背景下，特别是前两者，通常是考核地方政府行政作为的两项关键指标，又往往与地方官员“为官一任”的执政水平和未来政治前途直接地或间接地联系在一起。

——地方政府在促进城市发展过程中，首先关注的往往是地方经济发展的问题，即在地方政府的决策中效率价值取向经常居于优先的位置。

——地方政府试图或者期望通过城市规划来控制市场开发行为，以减少开发商行为所带来的“外部效应”对于社会的影响，最终达到城市整体发展的需要和社会公共利益的目标。但是，实际效果似乎并未达到预期的目标。

#### 4.2.4.2 现行规划法对地方政府权力的界定

政府拥有普遍的行政权力。依据规划立法，地方政府在技术性较强的规划行政中拥有的权力体现在：

1. 组织编制和审批本地方各层次城市规划的权力。但直辖市、省和自治区人民政府所在地城市、城市人口在一百万以上的城市和国务院指定的城市的总体规划，必须报国务院审批，全国城镇体系规划则是由国务院城市规划行政主管部门组织编制。规划编制方面，《城市规划法》第十一条、第十二条分别规定，“国务院城市规划行政主管部门和省、自治区、直辖市人民政府应当分别组织编制全国和省、自治区、直辖市的城镇体系规划，用以指导城市规划的编制。”“城市人民政府负责组织编制城市规划。县级人民政府所在地镇的城市规划，由县级人民政府负责组织编制。"规划审批方面，《城市规划法》第二十一条、第二十二条规定，"城市规划实行分级审批。直辖市的城市总体规划，由直辖市人民政府报国务院审批。省和自治区人民政府所在地城市、城市人口在一百万以上的城市和国务院指定的城市的总体规划，由省、自治区人民政府审查同意后，报国务院审批。本条第二款和第三款规定以外的设市城市和县级人民政府所在地镇的总体规划，报市人民政府审批。前款规定以外的其他建制镇的总体规划，报县级人民政府审批。城市人民政府和县级人民政府在向上级人民政府报请审批城市总体规划前，须经同级人民代表大会或者其常务委员会审查同意。城市分区规划由城市人民政府审批。城市详细规划由城市人民政府审批；编制分区规划和城市的详细规划，除重要的详细规划由城市人民政府审批外，由城市人民政府城市规划行政主管部门审批。""城市人民政府可以根据本市经济和社会发展需要，对城市总体规划进行局部调整，报同级人民代表大会常务委员会和原批准机关备案；但涉及城市性质、规模、发展方向和总体布局重大变更的，须经同级人民代表大会或者其常务委员会审查同意后报原批准机关审批。"

以上中央立法对于政府编制和审批规划的权力的界定基本是以实体性内容为主的，相应的程序性的规范较少。比如必须报国务院审批的总体规划一般审批时间延续较长，中间的程序也较复杂（要经过部级联席会讨论等等），但《城市规划法》并未就其审批的具体程序和时限作原则规定。而城市的发展却是瞬息万变，随着实际工作中的问题不断暴露出来，建设部只能以部门文件的形式对此予以补充规定，如《关于总体规划审查工作的暂行规定》。与中央立法相比，地方性法规应该能结合地方实际管理的需要，对地方政府编制审批规划的程序作更具体的规范，包括设定审批时序和时限的内容。例如，《上海市城市规划条例》（1995 年）第十九条就规定，"市或者区、县规划管理部门受理报批的城市规划文件后，应当在法定工作日五十天内批复。"对程序性的内容进行规范，其实就是将规划的编制、调整和审批放在一个公开的规范性过程中去进行，这无疑是对地方政府在规划编制审批方面的行政权力的控制。

2. 城市开发建设中核发“选址意见书”、“建设用地规划许可证”和“建设工程规划许可证”的权力。这在《城市规划法》第三十条、第三十一条、第三十二条都有具体规定，相对于开发商的申请权利，地方政府就拥有核发许可证的权力。从项目选址、用地规划到建筑及其他设施项目，规划权力的界定可以说涵盖了城市开发整个过程的控制。在此过程中，规划是主动的介入，是一种积极的控制。但同样值得注意的是，除了实体权力的界定，在相应的程序性内容规范方面，中央立法还是比较缺乏。而程序规范的不完备，就意味着对相应规划行政权力缺乏制约，缺乏遵守透明的、公平的法律程序的制约。在这一点上，地方立法则相对具体一些。例如，《深圳市城市规划条例》(1998年）第四十一条规定，“发放《建设项目选址意见书》的程序为：(1）建设单位填报《建设项目选址申请表》，并按规定附送可行性研究报告、环境影响评价报告及有关文件、图纸等资料；(2）市规划主管部门受理申请后，按照城市规划的要求进行审议，在40日内予以答复。审核同意的，核发《建设项目选址意见书》；不同意的，予以书面答复。对城市规划未确定区域的重大项目的规划选址申请，由市规划主管部门提请市规划委员会审议。市规划委员会审议通过的，市规划主管部门核发《建设项目选址意见书》；市规划委员会审议未通过的，市规划主管部门予以书面答复。”

3. 检查规划区内的建设工程是否符合规划要求的权力，以及对违法建设行为做出行政处罚的权力。《城市规划法》第三十七条、第三十八条、第四十条分别规定，“城市规划行政主管部门有权对城市规划区内的建设工程是否符合规划要求进行检查。”“城市规划行政主管部门可以参加城市规划区内重要建设工程的竣工验收，城市规划区内的建设工程，建设单位应当在竣工验收后六个月内向城市规划行政主管部门报送有关竣工资料。”“在城市规划区内，未取得建设工程规划许可证件或者违反建设工程规划许可证件的规定进行建设，严重影响城市规划的，由县级以上地方人民政府城市规划行政主管部门责令停止建设，限期拆除或者没收违法建筑物、构筑物或者其他设施；影响城市规划的，尚可采取改正措施的，由县级以上地方人民政府城市规划行政主管部门责令限期改正，并处罚款。”

综合分析以上对于政府规划行政权力的设定可以看出，这些权力是与其所执行的规划行政职能紧密联系在一起的，是为赋予其权力的全体市民在城市建设中的利益服务的，是为维护公众利益服务的。从严格的理论意义上说，政府权力的行使并不能代表它自身的利益或者权力行使者的利益。但是，这种理想政府的角色在社会运行中已经遭到了越来越多的挑战。在当前城市建设发展过程中，地方政府已经形成了其自身的利益需要，这是一个无可回避的社会事实。那么，如何认识地方政府的这种利益需要？如何促使政府的权力使用更多的朝向社会公共利益的目标，而不是更多的为其自身需要服务？如何监督政府在具体行政的过程中是否真正落实了市民赋予它的职责？这些问题将在下文有关规划法的价值调试研究中进行深入的探讨。应该认识到，这不仅仅是城市规划法要面对的问题，而是整个国家行政法制建设要关注的问题。

### 4.2.5 社会公共利益

#### 4.2.5.1 社会利益的凸现

在原计划经济下，由于国家控制和支配着一切社会资源，所以没有对资源的竞争以及占有资源后对各种好处的追逐，也就无所谓各类利益。国家被假定为必然会从社会的长远发展和城市整体利益着眼，考虑安排个人需要、集体需要和社会发展需要。这样就造成了我国长期以来“社会利益”的概念和内容非常模糊，甚至一度在不知不觉中被偷换成了“国家利益”概念。而真正的社会利益却得不到重视和保护，从而客观上又损害了社会利益。如保护自然资源不被过度开发，保护历史文化遗迹等等；又如在现代文明社会中，要保证所有人在政治、文化、社会和经济诸方面获得应有的公正、平等的机会等等。其实，社会利益根本不等于国家利益。

在始于1980年代初的改革开放中，“效率优先，兼顾公平”的发展方针发挥了普遍的社会意义。但是不容忽视的是，社会利益的观念在人们渴望富裕，追求“效率”的无序状态中被忽略了。同样，在城市建设中，投资的巨大冲动和如火如荼的房地产开发中蕴含着各种利益的欲望和竞争，开发商希望赚取最大利润，市民希望阳光充足、绿意盎然的居住环境，政府想出“形象工程”、“政绩工程”，等等。各种不同的利益需要在有限的城市资源使用过程中进行碰撞和竞争。而在大规模、快速的城市开发中，“经济优先”、“效率优先”的案例屡见不鲜。毫无疑问，在城市谋求发展的热望和创造新形象的建设冲动中，社会利益并不是一个受到充分重视的角色。

但是，社会利益作为一种独立的利益形态，以其全局性和长远性，日益引起社会的普遍关注和重视。一方面，随着现代社会文明的发展，人与人、人与自然之间的关系比以往任何时代都要复杂。同时，他们之间的合作联系也日益频繁和普遍。另一方面，市场经济对资源的竞争性也产生了许多与之俱来的副效应。由此，社会的竞争矛盾日益激烈，社会不同群体的分型和差距日益扩大，社会利益作为一种不同于国家利益的、独立的利益形态逐步显露出来，诸如自然资源与生态环境的保护，经济、社会和环境的可持续发展，社会弱势群体的权利保障等等。而在城市规划和建设中，要公平配置城乡公共设施，要保障人人拥有适宜的住房，要考虑城市流动人口、老龄人口等特殊人群的利益保障等等。无疑，我国城镇化和城市社会化的快速发展，为社会利益带来了许多新的内容，也使得社会利益日益凸显其重要的社会意义。

#### 4.2.5.2 社会利益的内容和分类

城市规划的社会利益强调城市公共资源的公平使用和分配，其利益内容是与规划对象——城市公共资源的使用密切相关的。因此，从规划作用对象剖析入手，是研究社会利益内容的一个角度。城市公共资源包含了自然环境资源和人工环境资源，它们是城市规划的物质对象。此外，人是城市规划的主体，是城市规划的目标指向之一，而城市物质环境规划只是一种方式和手段。基于以上分析笔者认为，关于人、自然环境资源和人工环境资源在城市规划中涉及到公平价值或城市公共政策问题的部分，就基本体现了城市规划中社会利益的基本内容。具体包括：

——城市自然环境资源：环境保护与可持续发展，水资源的可持续利用，保护土地、森林、草原、湖泊、海洋、湿地和矿产资源，世界自然遗产和文化遗产的保护……

——城市人工环境资源：可持续发展的人居环境，人人有其居，历史文物和建筑的保护，城市公园（包括公共绿地）的共享，提供各种必须的公共设施，提供适应持续发展需要的市政设施（包括道路，电力，供水等等），广告设施的规划控制……

——环境中的人：城市公共资源利用对每个市民而言的公平，公共资源使用中城市弱势人群利益的保障，包括城市贫困人口的救助，城市流动人口的居住、培训和子女教育，老龄人口的社区关照，残疾人、失业人群等社会特殊人群的社区照顾，儿童人群和生育人群的环境需要……

#### 4.2.5.3 现行规划法对社会利益的规范

到目前为止，从中央的核心规划法律到地方性规划法规，基本没有明确涉及到社会利益保障的法律条款。虽然1990年实施的《城市规划法》在城市规划的制定中提出了注意保护和改善城市生态环境，保护历史文化遗产、城市传统风貌、地方特色和自然景观的原则，还有贯彻合理用地、节约用地等原则，但还仅仅是从规划编制的角度出发，涉及到了社会利益的个别内容。而维护社会公共利益不仅贯穿于规划的全过程，而且是城市规划立法的最高目标之一。在地方立法中，深圳市1998年颁布的《深圳市城市规划条例》，其第四条第2款明确规定，“城市规划和建设应当保障社会公众利益，体现社会公平的原则。”

在当前我国的城市规划建设实践中，社会利益已经成为一种具有具体内容的利益形态，其利益内容多而复杂，既有自然环境方面的，也有人工环境方面的；既有物质环境规划方面的，也有社会规划方面的。而且，随着中国城镇化和城市社会化的不断发展，必定会有新的社会利益内容不断补充进来。但是同时，城市开发中社会利益被侵害的案例却屡见不鲜，其法律保障的诉求也越来越强烈，因此规划立法对其诉求的回应还是相对滞后的，相对缺乏的。

## 小结：当前城市规划建设领域利益关系的总体态势

始于1990年代初的市场经济改革迄今已经进行了十几年。回头看一下城市规划建设领域的变化，有些是1980年代改革的延续，有些则是在其基础上的重大转折，而所谓的改革转折就是缘于社会资源配置方式的根本转化。从1990年代初迄今，土地使用从行政无偿划拨走向有偿出让转让，住房从单位福利分配走向购买市场开发销售的商品房，投资则从以国家投入为主的单一渠道走向中央、地方、民间资本、外资共同投入的多元渠道。这些根本性的改革措施，不仅直接带动了我国城市建设的规模和速度，掀起了全国范围内城市建设的高潮，而且在这一现象背后，新的资源配置方式为一些新的经济和社会力量提供了发展空间。这些新的群体和社会组织必然地参与到城市规划建设领域的利益分配过程中，并逐步形成独立的利益形态，使得原先以国家利益为主的单一的利益关系格局被打破，城市规划建设领域已经形成了多元的利益主体和利益形态。

首先，随着福利分房的逐步取消和住房商品化改革的稳步推进，市民个人利益已经形成。城市规划建设中的个人利益是与市民成为住房产权的所有者密切相关的，其最基本的利益内容就是居民依据住房的所有权，对于住房及其周围的社区环境所提出的要求和愿望。此外，市民个人利益内容的另一个层次还表现在，市民对于可能影响其社区环境和生活于其中的城市环境的城市规划及建设活动所提出的知情、发言和参与的要求。其次，土地有偿使用、房地产市场的兴起、城市建设投资领域和投资渠道的开放，为开发商提供了前所未有的成长空间，在参与城市开发和建设的过程中它们不仅要盈利，而且还追求赚取最大的利润，这是它们明确无疑的利益需要。再次，在中央对地方实行放权让利的背景下，城市开发建设从招商引资到开发建设的规划管理，地方政府已经成为主要的决策者。城市开发也不仅仅是一项城市空间和环境的建设活动，更与地方经济的增长指标密切相关。因此，地方政府所追求的除了维护公众利益外，还有“地方经济发展指标”、“政绩”和“形象工程”，而后者对于地方政府及其官员而言无疑是一种更有内在动力的利益追求。最后，随着资源配置方式的转变和我国城市社会化的发展，城市规划建设领域的社会公共利益已经凸显，并且成为具有具体利益内容的、独立的利益形态。

总的看来，由市民个人利益、开发商利益、地方政府利益和社会公共利益所形成的当前我国城市规划建设领域的多元利益形态并不是过渡时期的暂时现象，而是一种稳定发展的态势。只要市场化的改革不停滞、不停止，它们就会走向更加复杂、更加成熟。同时，由于可供城市开发建设使用的资源是有限的，因此在资源使用过程中具有不同需要的多元利益主体之间必然存在着竞争。当前我国城市规划建设的实践表明，这些多元利益形态之间的利益竞争是剧烈的、复杂的，它们是在竞争和冲突中寻求着利益关系的平衡。这时，面对城市规划建设领域原先相对单一的利益关系所进行的规划立法，注重技术规范的规划立法，注重政府管理职能实现的规划立法，已经面临着调控多元利益形态和利益格局的挑战，城市规划法的价值取向更面临着深度的拷问。

# 5

# 利益竞争与规划法的价值困境

面对当前城市规划建设领域新的利益冲突和利益结构态势，城市规划法面临着前所未有的挑战——利益关系调控和权衡的挑战追根溯源就是对规划法价值的拷问和判断。本章拟对当前规划建设领域利益关系中的几个突出问题进行剖析，这几个主要问题的突出反映从一个侧面透视了我国规划法传统价值取向所面临的困惑。

## 5.1 当前规划建设领域利益关系中的几个突出问题

### 5.1.1 开发商利益的膨胀

#### 5.1.1.1 作用与问题

改革开放以来，国营、集体、私营、外资等多种所有制形式的建设开发公司的成立，是我国房地产业形成和繁荣的关键要素之一。作为市场经济下城市房地产市场的主体，开发商的参与大大增强了城市建设的活力，这是开发商利益的动力作用在城市建设领域的具体体现，即开发商在追逐自身开发利润与企业成长的同时，其开发活动对于城市建设和发展也产生了积极的社会作用，诸如加快旧城改造，促使城市基础设施改造，繁荣城市建设与开发，有助于尽快改善城市面貌，促进地方经济增长等等，这些就体现了“利益的动力作用”。但是在引导和发挥利益的社会动力作用的同时，根据利益作用的一般理论，还有一个利益的约束性问题。具体到开发商这一利益主体，有两个方面值得注意。一方面主体对利益的追求是强烈的和永恒的，具有在时间和空间两个维度上不断向上和向外拓展的特性。特别是开发商这一主体，投入的是资本，追逐的是尽可能高的利润和回报，其利益的目的性和功利性极强。因此，开发商对利益的欲望和追求会呈现持续扩张的态势，就会有侵入和损害其他利益的倾向；另一方面，作为市场经济的主体，无论是开发商，还是其他企业，它们的任务就是合法经营、生产利润和照章纳税。除此之外，它们对社会不承担任何其他的法律义务。换句话说，从法律上看顾及社会公共利益和其他利益并不是开发商的强制性责任。因此综合以上两个方面分析，就要考虑开发商利益的约束性问题。如果开发商行为在遵守法律的范围里和其他因素的制约下，开发商利益就会被维护在一个市场合理、适度的范围内，就能最有效地发挥社会动力作用；但是如果开发商的行为得不到法律（包括规划法）的有效规范，那么开发商利益就会本能地向外扩张，甚至极度膨胀。这表明，尽管开发商对于利益的追求在城市建设中有积极作用，但是这一动力作用必须有一个恰当的支点。

在当前中国的城市开发建设中，一个值得注意的现象是资本的发言权愈来愈大，开发商的利益没有得到适度制约，并且正在侵害城市的公共利益和市民的个体利益。美国规划协会国家政策部主任杰福瑞·索尔在中国一些城市访问时，就不断提出一个问题，“城市规划听谁的?”令他感到迷惑不解的是，在美国城市规划工作者被视为“社会主义者”，因为他们总是要制约通常唯利是图的（房地产）开发商，使其不能过多侵占公众的利益，从而保证城市的可持续发展、人居环境与自然和传统的和谐。由于选票的压力和法律赋予城市规划以一定的权利，政府不得不注意开发商与公众利益的平衡而不致过于偏袒开发商，尽管美国是个资本主义社会。但在中国一些城市中，索尔先生却感到城市规划其实是被开发商牵着鼻子走，而这些开发商，根本不会在乎公众的利益和当地城市的长远发展①。特别当一个大型的外商投资项目进来，与地方政府官员招商引资、发展地方经济的“政绩指标”息息相关的时候，地方政府往往凭藉行政权力不经技术论证，或者走形式地通过一些表面“合法”的程序而实际上却是根据开发商的利益要求，按照某些长官意志，调整或改动已经审批通过的法定的城市规划。比如在某大城市，一家欧洲开发商硬要在已经规划好的一个区域挤建大型超级市场，把原规划的四个交通干道出口堵住三个，迫使城市交通干道扭上几个弯，给它腾地方。索尔先生认为，目前中国城市规划最大的问题，是开发商的“无法无天”，而通过出售土地虽然是赚钱的捷径，但并不会为城市持续发展提供最佳的利润及价值。

长远来看，特别是中国加入 WTO 以后，市场经济中各类的开发商，不管是民营的、国营的，还是外资的，在拥有资本的基础上他们的影响力将越来越大。特别是跨国公司，他们将在全球范围发挥着举足轻重的作用，他们赚取利润及其他利益需求的力量将是巨大的，有

① 熊蕾. 城市规划听谁的. 瞭望新闻周刊，2000（5）

效调整和平衡他们的利益是一件非常困难的事情。对此，我们应该有一个清醒的认识。

### 5.1.1.2 利益发展态势的机制分析

经过1990年代中国快速城镇化和大规模的城市建设，开发商这个主体的地位和作用已经明确，开发商的利益形态已经形成。纵观其利益发展态势，开发商不仅在城市建设领域各类利益的角力中屡屡占据强势位置，往往侵入到市民利益、社会公共利益及其他利益的领域，而且他们还会通过影响城市政府的有关规划决策，来获取最大的开发利润及其他回报。

一般在自由制度和市场经济主导发展的社会里，拥有大量资金的开发商尽管会通过各种手段去谋求高利润回报，但事实上总的来说，他们并不能无限地发挥他们的影响力，他们也并不能为所欲为。因为，即使在实行自由市场经济的国家和地区，城市规划对土地开发和房地产发展都会加以严格的控制（潘国城，1994年）。此外，政府还通过其他途径，如立法和制定公共政策等，对城市开发和建设作或多或少、或直接或间接的干预。尽管如此，但如果期望地方城市规划机构在与开发商的关系中占据控制性的位置，恐怕也只是一相情愿的理论图景。凯文·林奇（K. Lynch，1981年）通过对美国城市实际建设状况的分析指出，在城市建设中起主要作用的因素并不是地方城市规划机构，而是那些能够决定大型基础设施开发投资的联邦部门和跨地区部门以及大型财政机构、大公司和大开发商，地方城市规划机构只是力量较弱的行动者（the weaker actor）[①]。

那么，在中国从完全计划经济向市场经济的社会转型过程中，从无到有成长在这个转型期的特定的社会环境中，开发商谋求自身利益的机制又是什么？

现代制度经济学的理论认为，一个社会集团的力量大小、获取利益的能力大小，并不取决于它的人数多少，而是取决于它的组织程度；组织程度的高低又与集团成员的经济状况和金钱掌握有关。组织的力量是强大的，而通过金钱或其他渠道与权力相结合的组织力量尤

① 转引自孙施文. 城市规划哲学. 中国建筑工业出版社，1997. 42

为强大[①]。换句话说，主体掌握资源和获取利益的能力基本是与组织性、权力和金钱三项要素密切相关的。在我国目前转型期的制度下，尽管原计划经济下权力绝对掌握资源的坚冰已经被打破，但不能否认权力仍旧意味着掌控各项资源的能力，无论是社会关系还是其他物质资源；从金钱掌控角度看，拥有的资本越多，其社会发言权也越大，而且资本具有趋向组织性的特征，以保障自己的需要和权益，如自发成立的各类行业的商会等等；而具备组织性的金钱资本一旦与权力结合，其掌握资源的能力将大大增强。具体分析开发商这一利益主体，他首先具有的是金钱要素。其次就“组织性”来说，由于所有开发商在根本目标上是一致的，都是为了赚钱和获利，因此相比各有主张的市民个人，他们比较容易在共同利益的基础上达成妥协、形成联合，以谋求更大的影响力和发言权，像成立各种“工商企业家协会”、“联合会”以及“商会”等社会组织。再次，就开发商与权力之间的关系而言，它们之间并不排斥，而且大量的社会学研究表明，在中国转型期的土壤上开发商倾向于寻求与权力之间形成一种社会关系和交换关系，促成“权钱结合”，以换取在各种利益的竞争中自己的利益得到最大保障。

为了深入探究开发商这一改革过程中新的社会主体成长与其所拥有的社会资本[②]，特别是与权力之间的关系，社会学研究的有关理论具有很重要的意义，因为这些研究都是针对于中国改革的社会现实的。相关的社会学研究是从社会资源配置的诸因素入手，解释中国社会改革中新的社会主体（特别是私营企业主群体）崛起与发展的机制。社会学研究学者李路路认为，现阶段中国市场经济的发展还未从根本上改变国家行政权力在资源分配中的主导地位，但形成了两种体制的长期并存。因此，社会主体所拥有的社会资本，就成为获得资源和成功的重要渠道。在上述基本假设基础上，他提出了三个具体假设，并经过 1993 年的一项抽样调查的实证结果进行了验证。第一，机会假设。在市场将成为社会资源流动的另一条重要通道，但同时自

① 党国印. 向农民伸出援助之手. 南方周末. 1998－10－23（1）

② 在经济学中，社会资本与私人资本是一对概念，而在社会学家的眼中，社会资本和经济资本相区别。究竟什么是社会资本，目前尚无完全一致的看法。但社会学中，一般把社会资本定义为社会网络。这种社会网络既不同于文化资本，也不同于经济资本和人力资本。

由流动资源相对短缺和市场发育不完善的经济环境中，新的社会主体，如私营企业家会更多地积累社会资本，以获得更多的经营和竞争机会。第二，资源获得假设。由于新的社会主体发展所需的自由流动资源（这些资源主要是指从金融机构获得贷款和较高质量的人力资源）的相对短缺，大量社会资源仍处于国家行政权力和国有单位的控制下。因此，如果拥有更多的社会资本，他们有亲戚或朋友占据着较好的职业地位和权力地位，那么他们就会比其他人更多地获得相对短缺的资源。第三，企业发展假设。在一个因制度环境和社会传统而使社会关系网络具有重要作用的社会中，社会主体拥有更多的社会资本，会在资源获得、特别是从国有单位获得资源，生产经营管理，产供销环节及许多方面发挥作用，将社会资本转化为经济资本，使企业获得更大的发展。李路路对这三个假设的主要原因解释为：（1）国家行政权力在全社会资源分配中仍占主导地位，是上述结果的一个重要原因；（2）社会正式制度安排失控是造成社会资本作用于新的社会主体（特别是私营企业家）地位获得的另一个重要原因。在国家行政权力和市场体系之间存在许多无法有效控制的交换关系，这就提供了一种可能性，使得新的社会主体通过地方、部门和单位中据有支配社会资源权力的人，获得发展条件；（3）不完善、不健全或不规范的市场体系，亦是构成新的社会主体重视与“体制内”权力建立特殊的社会关系的原因之一（李路路，1995年）。

据此就可以充分解释开发商和地方政府之间的关系倾向。在城市规划建设领域，由于国家行政权力不仅直接控制着城市建设最重要的资源——土地，而且规划行政权力还掌握着地上建筑物开发的规划控制。因此开发商当然希望接近权力，并期望用自己所拥有的金钱与权力形成一种交换关系，以寻求在各利益主体对有限资源的开发竞争中换取自身对资源的最大支配[①]。同时，正如前文曾剖析过的，除去金

① 尽管土地实行有偿出让，但迄今为止还是以协议出让及定向招标为主，开发商要想从国家机关、集体及国有企事业单位等手中拿到土地，并不是一种完全的市场行为，还要看开发商和它们之间经营的社会关系如何。至于地块上的开发活动，规划控制的指标（特别是容积率）一般是弹性的，有一个上限和下限形成的区间。在规划许可中，是采取上限、还是下限，对开发商的获利情况影响极大，他们往往通过法定程序及程序之外的社会关系途径去获得对自己最有利的规划指标。

钱与权力之间的特殊社会关系外，开发商的建设项目往往与政府对“政绩”、“形象工程”和“地方经济发展指标”的内在追求相互促动、相互支持，这时开发商对行政权力的规划决策施加影响就拥有了另一个重要的筹码。

### 5.1.2 城市规划建设领域社会利益的保障问题

就全社会范围而言，在中国社会公共利益显现并成为一种独立的、重要的利益形态，是市场经济制度改革影响社会关系领域的一个必然结果。在西方法律领域，对于社会利益的关注和重视则标志着整个社会价值观的转变①。在当前我国市场经济改革的转型时期，在效率和个人致富已经得到先发张扬的环境下，关注社会利益的保障问题就具有特别重要的现实意义。从一定程度上说，保障社会利益应该是我国市场经济条件下一种新型的公平观念（这一观点已经在前文第二章进行了阐述，此处不再赘言）。

城市规划领域的社会利益有着具体的内容，包含着多样的主体，其具体内容涉及到城市自然环境、城市人工环境和城市环境中生活的人。可以说具体的利益内容相当复杂繁琐，而且随着我国城市化和社会化的发展，还会有一些新的利益内容出现并补充进来。对城市规划领域诸多社会公共利益进行法律保障，除了城市规划法之外，还可能交叉涉及到其他法，比如自然资源的开发和利用就涉及到环境保护法；对特殊人群的救助还涉及到社会保障立法等等。但是就当前城市规划法而言，对社会利益的法律保障还存在着比较突出的现实问题。

如果说法律的社会作用是承认、确定、保障和实现各类利益，以调整各类利益之间的分配关系，正如庞德所说的，“在近代法律的全

---

① 西方法律早期发展阶段法律的价值取向是强调个人自由和个人权利，倡导权利平等、契约自由、个人财产神圣不可侵犯等一系列法律原则，在这一时期规范个人权利的“私法”（在西方传统上民法和商法称为私法）就比较发达和完备。但资产阶级工业革命后，从19世纪末开始，随着资本主义各种社会矛盾的激化，西方法学领域的一个重大变化就是出现了所谓的“法的社会化”（亦称私法的公法化），主张法不应仅仅以维护个人权利、而应以维护“社会利益”为基础，强调个人权利的实现要与社会利益的保障相结合。这样，维护社会利益的新法律原则代替了倡导个人权利的旧法律原则，相应各种“社会立法”纷纷出现，形成了诸如社会保障法、劳工法、环境保护法以及经济管制法等新的法律部门。

部发展过程中，法院、立法者和法学家们虽然很可能缺乏关于正在做一事情的明确理论，但是，他们在一种明确的实际目的的本能的支配之下，都在从事于寻求对各种冲突的、重叠的利益的实际调整和协调方法，以及（在不可能做得更多时）进行实际的妥协。"① 那么，按照德国法学家耶林（Rudolf von Jhering）的理论，被保障实现的利益必须转化成法律上特定的权利，主体才会通过法定权利，在法律规范的范围内追求和维护自己的利益。依此分析，先不论我国现行规划法并没有普遍确立保障社会利益的原则和目的，即使像《深圳市城市规划条例》写下了"城市规划和建设应当保障社会公众利益，体现社会公平原则"，但确定社会利益的法定权利主体仍是一个关键性的难题。据社会利益的一般理论，城市规划中社会利益表现在法律权利形式上，其主体是公众，即公共社会。作为社会利益主体的公众，本质上是个外延比较宽泛的抽象概念，它比社会学研究中的"群体"，政治学所谓的"阶级"更宽泛。公众包含着城市每个市民个体和群体，但决不是每个个体愿望和群体愿望的简单相加和混和，而是提取符合城市整体需要和社会长远发展的部分。诸如保护城市自然遗产和文化遗产（如苏州园林、黄山风景区、乐山大佛、长城等等）并不仅仅是它们所在城市及其市民个人局部利益的需要，而首先是延续城市历史文化传统和地域特色的需要，甚至是人类社会文明发展的要求；再比如，要在城市某一地区规划或保留一处公共绿地，不是仅仅考虑某些个别市民（如居住在公园附近的一些老年人和儿童）的要求，而是从城市地域社区居民的休憩要求和方便使用来整体布局的。如果仅仅从市民个人的愿望出发，那么可能任何一个居民都希望绿色的公园就在自己身边，最好是从社区步行几分钟的距离就能到达。由此看来，城市规划中社会利益的公众主体，实质上是一种抽象的主体，也是一种虚位的主体。因此，社会利益的实现就不可能像其他利益那样依靠确定主体的追逐行为和活动，而只能依靠全体人民赋予具全部权力的政府，代表城市的整体要求和市民的共同愿望，制定法律和政策来维护社会公共利益。

---

① ［美］罗·庞德．通过法律的社会控制．商务出版社，1984．59．转引自孙笑侠．法的现象与观念．北京：群众出版社，1995．66

其实，在现实的城市开发建设中，任何一个确定主体对于其自身利益的追求都是局部的、眼前的和具体的。市民个人、开发商是这样，就是以“代表最广大人民群众利益”而存在的政府，在地方城市建设和发展的具体环境中也形成了追求“政绩”、追求“地方经济发展指标”等利益需要，这其中有些利益内容是考虑城市发展的问题，有些利益内容则是地方政府官员仕途发展的需要。当然，除此之外，地方政府也得考虑维护公共利益的问题，这也是它的责任。但是，当各方不同的利益需要形成角逐和竞争而公共利益面临被破坏的时候，法律上又能依靠谁坚定地站在社会公共利益这一方，谁又能靠得住呢？简言之，正是由于社会利益的主体缺位和法律保障意识不强，一些侵损公众利益的恶劣建设事件才堂而皇之地层出不穷。例如据某一期《焦点访谈》报道，武汉市某开发商竟然在长江防洪堤内开发建设了滨江花园楼房，并以“长江风景一览无余”作为楼盘卖点。长江这条公共的水道成了开发商自家的水景，对于这个楼盘阻碍了长江泄洪通道，直接威胁到全体市民的生命安全就无人顾及了。而更令人吃惊的是开发商竟然拥有全部合法的开发手续和行政批准文件。以上还是一地一市的社会公共利益受损，推而广之从全国范围看，改革开放以来，特别是1990年代初以来的开发建设高潮，顺应了地方投资的冲动，推动了地方和国家的经济增长，但在追求经济的火热增长中社会公共利益却被忽视了。由此，大规模的开发建设无形中破坏了地上、地下水资源和植被森林，造成水土流失和沙化，人类生存的环境质量趋于恶化，像越来越频发的“沙尘暴”就是自然给予人类无序过度开发的警告之一①。

### 5.1.3 市民介入规划及其利益引导的问题

作为一种个人利益形态，市民的利益需要是分散的，而且大多数

① 据英国《泰晤士报》2002年6月18日报道（转引自《参考消息》2002年6月23日），中国的沙漠面积正在以每年1350平方英里（约等于3496.47km$^2$）的速度迅速扩大，中国的沙漠化现象越来越严重，威胁着北方3500万人的生计。科学家大多认为，造成这种看来无法遏制的沙漠化过程的原因很复杂，但主要还是与人类对资源的过度开发有关，中国在过去20年的迅速工业化要对此问题负责。报道指出，中国不能因工业化导致沙漠化。

市民个人既不拥有金钱和财富，又不具备很强的组织性。因此，他们控制资源和维护自身利益的能力相对较弱。在城市公共资源使用和分配中，城市规划是调校这一过程的一项手段，只有参与到城市规划编制和实施过程中，市民才能有机会为自身利益去争取。

分析现行城市规划法，市民权利并没有得到适当定位和保障。由于市民介入规划的权利及相应程序在规划法中缺乏明确的、具体的规定，因此通过城市规划进行城市资源的再分配过程中，实际上市民并没有获得参与规划的公平权利和公平机会，那就不可能产生市民争取和维护个人利益的公平结果。具体来看，迄今为止市民能够对公开的城市总体规划和控制性图则发表意见，有机会参与到规划的编制层面。但这尚停留在极少数地方规划立法层面，中央规划立法还没有明确的法律规定；再者，市民参与城市规划编制普遍还仅仅是获得了被告知的机会，对于大多数地方的市民而言并没有法定机会和规范程序供他们发表意见。在开发申请和行政许可阶段，特别是涉及开发控制性图则的重大变更可能影响市民切身利益的时候，市民并没有获得应该拥有的发表意见的机会。由此，一大批规划事后的建设矛盾俯拾皆是就并不令人惊讶了。比如，上海某一社区毗邻按已审批规划正在建设的商务办公楼，法定规划允许的容积率是有弹性的，规定高度控制在15～20层。开发商通过法定程序，获得规划许可建设20层商务办公楼。商务办公楼即将建好时，周边居民才发现，他们住室的阳光从原来每天5～6小时室内日照减少到了1小时。当然，按照相关规划标准和《上海市规划技术管理规定》，对居民住所要求的日照时间最低限是冬至日不小于1小时。这样看来，开发商并不是违法建设，开发审批也符合规划技术规范的条款，但是值得思考的问题是，对于早已居住在周边的居民，这个开发项目无疑已经降低了他们生活环境的质量，难道他们不应该拥有事先的知情权和发言权？难道周边居民因开发建设而付出居住环境质量下降的代价应该是无偿的吗？

确立市民参与城市规划的权利使得市民有机会维护自身的利益，从法律上表达了作为城市公共资源的共同享有者，市民在城市开发和建设过程中所应该拥有的权利。但是鉴于市民利益的特点，其要在城市规划建设领域的利益关系结构中发挥作用并得到保障，尚需要适当的引导。关于市民利益的特征在第四章已进行了研究，概括来说主要有两点。其一，市民利益通常着眼于市民个人的要求和愿望，着眼于眼前的利益内容。城市的长远利益和公共利益往往并不是他们主要考虑的内容。其二，市民往往是分散的，且每个市民个体因为年龄、教育、经济收入等背景不同，对同一事件也会形成不同的主张、要求和愿望。由此市民的组织程度就很低，按照现代制度经济学的观点，单个的市民动员物质资源和保障自身利益方面的能力相应较弱。针对市民利益这些特点，规划法界定市民参与规划的权利是一个问题，而市民如何参与则是另一个更重要的问题，它涉及到公平和效率之间的关系引导，也涉及到市民参与的组织载体。

首先，城市是每个市民的城市，城市公共资源不仅为地方政府和开发商所使用和分配，也应该为每个市民所共同享有。因此从规划立法上不仅仅要规范地方政府和开发商的权力（权利），同时也确立市民参与规划的权利无疑体现一种公平价值。但是，这种公平也是有代价的。一方面，市民针对规划编制提出意见的能力，与其个人素质关系很大，有的仅着眼于自身的眼前利益，有的可能看的长远一些；有的仅着眼于城市局部地域，特别是自己社区的利益，有的可能会从城市整体发展来考虑，等等，市民的价值观和分析能力可以说千差万别。由此，在规划编制阶段引入公众参与增加了各方利益的角逐，也必然会在意见来、意见去的过程中增加规划决策的时间；另一方面，在市场经济条件下对开发商而言，时间就是金钱。面对瞬息万变的市场需求，开发商当然要求规划尽快决策，使其能在透明、稳定的规划条件下全力应对市场。综合以上两方面分析，市民参与虽然增加了公平的机会，但也可能会使开发的效率降低。因此，市民到底参与规划的哪些层次，如何参与和参与的程序是什么，确实存在一个引导的问题。

其次，鉴于市民分散度较大，如果要切实保障市民利益的实现，那么提高市民的组织程度就非常重要。这里要注意分析市民利益内容的两个层面，一个是市民对于居住、工作、游憩和出行于其间的城市物质环境的要求，主要是基于其所拥有的住房所有权而对住房周边环境提出的要求；另一个层面是市民参与物质环境规划过程的权利需要。其实，居民基于住房而产生的个人利益需求基本都在社区范围内解决，要由社区建设来保障。如社区环境维护和改造、物业管理、社区安全、公共健康、养老、幼儿园及其他公共服务，基本要由社区来提供。由此，社区发展的取向、社区服务是否完善以及社区自我管理的能力在很大程度上决定了市民利益的存在状态和发展趋势，从这一点上可以说社区是市民个人利益的重要载体。这样看来，在保障和实现市民利益方面，社区是一个重要的载体和平台。这个平台可以发挥两个层面的作用：一是涉及社区居民个人生活的事件，如周边居民住宅改造的影响，公共绿化的维护，社区照明的完善等等，在社区内部由社区组织主持，每个居民都有发言、决策的机会和权利。这一过程，依据的是由社区居民共同制定通过的社区规章。二是社区可以组织公众更有效地参与规划，特别是对于城市重大建设项目以及影响城市长远发展和整体利益的规划决策，如有污染的工业项目，既会使开发商赚钱，增加当地的就业机会，提高当地居民的收入，同时也会污染水源和土壤，损害当地的生存环境；又比如国家高速公路选线，既能方便地方城市的对外交通，又可能以破坏当地的生态环境为代价等等。面对这些两难抉择时，在与其他利益主体的竞争中居民以社区组织的形式介入决策，其意见可能会更有影响力。

## 小结：利益结构失衡——城市资源的分配不公

城市开发建设过程必然伴随着城市公共资源的使用和分配①。

通过土地等城市公共资源的分配过程，城市的物质空间布局和环境就形成了：哪儿有海滨公园，哪儿有公共绿地；哪儿空间开阔，哪儿建筑密度较高；哪儿出行便捷，哪儿公共交通不方便；哪儿公共设

---

① 本文中城市资源的外延是非常宽泛的，既包括自然环境资源，又包含人工环境资源。其中具有公共属性的部分属于城市公共资源。城市公共资源一方面指土地资源、水资源、森林、湖泊、海洋、湿地等自然环境资源，它们是一定的、有限的，是全体市民所共同拥有和分享的；另一方面也包括历史文物和建筑、各项公共设施（包括图书馆、博物馆、剧院、社区公共中心等）、各项市政基础设施（包括道路、电力、供水、污水处理等）及公园等人工环境资源，它们都是城市规划涉及到的对象。自然环境资源由全体市民拥有，有的甚至由全人类拥有（如世界自然遗产和文化遗产），它们无疑具有公共性；这里的人工环境资源不是指城市所有建成的设施与环境，而是指其中具有公共属性的部分，它们往往与政府所提供的公共产品密切相关，并且是政府运用城市规划手段进行调控时所面对的具有公共性的对象。

施配套完善，哪儿购物娱乐都需要远距离出行，等等。当然，这个过程的资源配置并不是完全的市场行为，不是开发商拿到土地后想怎么干就怎么干，而是政府通过城市规划等手段介入进来，对城市土地开发进行整体的控制和引导。即通过城市规划，将城市自然环境资源、公共设施资源及其他资源在城市土地这一基本载体上进行空间安排和布局。

城市规划介入的原因基本在于两个方面。一方面，开发商追逐利润的利益取向决定了他们不会顾及城市设施资源的合理配置、城市自然资源的合理利用以及尽量消减开发可能带来的“外部效应”（如开发密度过高，破坏历史街区风貌等）。当然作为市场主体，适应市场竞争规则，他们也没有法律责任关注和解决这些公共问题；另一方面，城市的适度开发和合理布局、城市市政设施的可持续使用以及城市公共设施的有效配置等一系列城市公共问题越来越突出，地方城市政府必须在土地开发中考虑这些社会公共问题。由此可见，城市规划介入城市资源的分配过程，除了要考虑一个有效配置的问题，解决城市公共问题、维护社会公平也是一个必须要考虑的目标取向。

在城市公共资源的分配过程中，如果没有任何非市场因素的外部介入，完全交由市场来操纵完成，那么资本的力量毫无疑问将占有绝对优势，开发商的利益将得到最大程度的实现。但是，开发商所希望的这一图景在世界上任何一个地方都没有成为现实——无论是西方市场经济发达国家，还是发展中国家。这是因为，城市资源的分配过程就是城市空间环境塑造和形成的过程，它不仅关系着每个市民生活居住的切身利益，而且还关系着城市的长远发展和社会安定。因此，大多数国家都根据国家历史背景和具体情况，采取行政、法律等手段，直接或间接地干预这一过程，适当地制约开发商的行为，防止城市开发建设过分损害市民利益和社会公共利益。

当然，真正值得玩味和令人忧虑的并不是在城市公共资源的分配过程中是否应该采取外部干预，也不是应该选择什么样干预手段的问题。对于具有不同历史基础和现实发展情况的国家，积极的、深度的规划干预（警察角色）也许在有些国家适用，而对于有些国家也许“被动规划”（守夜人角色）更有效。在当前的中国，问题的焦点在于：规划是以积极的角色介入了土地开发过程，但是多元利益的竞争使得预期的校正目标往往偏离，公平与效率之间失去了应有的平衡。

依据城市规划法，规划是各级政府的一项法定行政职能。各级政府负责编制和审批各阶段的规划，并依据审批通过的规划，以“行政许可”形式对开发行为施加控制①。据此，城市资源的分配实质上是通过城市规划确定分配的格局。谁有机会参与规划并拥有发表意见的权利，谁有能力影响规划，甚至谁有能力改变规划，谁就有机会参与资源分配，并有权利维护自己的利益。

当前城市开发的现实是，开发商往往有能力影响规划，改变规划，甚至是违反规划，为自已谋取最大利润和回报。而与之相伴的却可能是社会公共利益受到侵害。市民则由于缺乏参与规划、影响规划的法律权利和制度化途径，只能沦为弱小的角色，他们对于城市公共资源分配的控制力是非常小的。如果拥有城市公共资源的每个市民缺乏争取自己利益的法定权利，甚至缺乏参与的公平机会；如果开发商的利益缺乏有效制约，呈现不断膨胀的态势，并且已经直接或间接地侵害到社会公共利益、市民个人利益和其他利益；如果在多元利益的竞争中，社会利益经常处于落败的位置而得不到保障。那么这表明，多元利益之间处于不平衡的结构状态，城市公共资源的分配存在着不公。

## 5.2 城市规划法的价值困境

现行的城市规划法大都是在1990年代之前制定颁布的。随着十几年市场化改革的不断推进，当前城市规划建设领域的利益关系已经

① 依据《行政许可法》，“行政许可”被界定为：行政机关根据公民、法人或者其他组织的申请，经依法审查，准予其从事特定活动的行为。据此，行政许可具有以下四个方面的特征：一是，行政许可是行政机关管理性的行政行为。行政机关确认民事财产权利（比如房地产登记）和确认民事关系（比如婚姻登记）的行为，不具有行政管理的性质，不属于行政许可。二是，行政许可是对社会实施的外部管理行为。行政机关对内部的管理行为，如对其他行政机关或者对其直接管理的事业单位的人事、财务、外事等事项的审批，不属于行政许可。三是，行政许可是根据公民、法人或者其他组织提出的申请产生的行政行为。若无申请，则无许可。四是，行政许可是准予相对人从事特定活动的行为。取得行政许可，表明申请人符合法定条件，可以依法从事有关活动。

发生了根本变化，多元利益形态的竞争及其之间关系的突出问题暴露出利益整体结构的失衡态势，同时也暴露出规划法在调整当前利益关系时所面临的问题和挑战。虽然规划法的具体调控问题是多侧面的，但是其中根本性的问题却是法理层面的问题，是城市规划法在价值取向上的困惑：传统国家利益需要取向的价值定位，其基础何在；由政府所代表的城市规划的社会利益失落在何处；多元利益关系调整中时时处处交织着公平价值与效率价值之间的矛盾，两者之间的平衡点在哪里，城市规划法应该实现什么样的社会效果。

### 5.2.1 “国家本位”的失落

城市规划法的“国家本位”取向是计划经济影响下城市规划建设领域单一利益结构真实的反映。政府集中控制着城市资源的配置，政府投资和行政划拨土地，由一定的国营或集体单位建设，交由国营或集体单位使用。然后生产和建设单位的利税再上缴国家，国家的钱是从一个口袋掏出来，再收回到另一个口袋，城市建设中的各项资源实质上都是在单一的计划体制内循回流转。这样的城市建设机制当然不会产生所谓的“开发商利益”的土壤，因为土地和住房不具备商品的属性，从而根本不会发生买卖、交换行为；个人的愿望更是要服从国家的需要，要相信国家和政府会代表着“人民群众的利益”，安排个人的衣食住行和生老病死；地方政府行使规划行政职能，主要目的是通过制定规划蓝图和审批“一书两证”，控制开发行为和城市建设的布局，落实国民经济和社会发展计划项目的空间布置。因此，在国家的利益需要占绝对强势地位的利益关系框架下，城市规划立法根本无须作出价值判断和利益选择。正如《中华人民共和国城市规划法》(1990 年）第一条所言，“为了确定城市的规模和发展方向，实现城市的经济和社会发展目标，合理地制定城市规划和进行城市建设，适应社会主义现代化建设的需要，制定本法。”这一条款对于制订规划法的目的的陈述，从合理编制规划，到实现城市经济社会目标，再到使城市建设适应现代化建设的需要，都一一罗列。但是由于当时的利益关系统一，利益结构简单，尚没有形成当前市场化下的多元利益的冲突和竞争，因此其中并没有包含着城市规划清晰的价值取向，也就不可能表达在面临当前已经出现并形成的多元的、复杂的利益竞争和冲突时，城市规划法必须回答的利益调控和价值判断问题。

当前，城市规划建设领域的利益关系所发生的根本变化最主要表现在，国家的利益不能再凌驾于其他主体的利益之上，也不可能完全代替其他主体的需要和愿望。市民的个人利益如此，开发商的利益如此，社会利益也如此，就连地方政府在城市规划建设中的自主权和决策权也愈来愈大，从而也形成了自身的利益需要。这些在市场化改革进程中新形成的利益需要都是独立的，都有它们具体的利益内容，都是国家利益所不能代替的。而且，从法理学上看，国家利益只存在于几种情况，在大多数情况下国家不存在自身的利益，国家是代表社会利益行使权力的（这一点在前文已阐述过，此处不再赘言）。从这个角度说，国家运用权力干预社会并不意味着它能使自己的需要凌驾于其他利益之上，其主要作用在于，“在个人与个人之间、个人与社会之间进行利益协调。国家权力只有在个人利益和社会利益的关系中为平衡利益而倾斜于某一方，但不能取代某一方利益。”①

基于国家利益需要的取向，我国城市规划法基本规范了两大类基本内容。一是确定了城市规划作为政府的法定行政职能，政府相应被赋予编制、审批规划和控制开发建设的权力。据此还详细规定了编制审批规划的分级制度和相应程序，还规定了政府规划管理的主要手段是实行“一书两证”（选址意见书、建设用地规划许可证和建设工程规划许可证）制度。二是详细规范了编制规划的技术性要求。当前，面对开发商追逐利润的无孔不入及经济全球化背景下资本力量的绝对扩张，面对市民利益的觉醒，继而寻求法律上的保障，面对社会公共利益日益凸显其重要意义，却愈来愈难以维护而不断遭到侵害，面对由这种种新生利益和利益集团竞争和冲突所形成的复杂的利益格局，偏向于技术规范和管理行为规范的规划法显然力所难及。原先国家利益一统天下的利益关系平衡已经在市场经济改革的冲击下不复存在，如果规划法没有适时进行价值取向的调整，那么新的利益关系就不会

① 孙笑侠. 法的现象与观念. 北京：群众出版社，1995. 144

得到有效的调控，无法走向一种新的利益平衡状态。

### 5.2.2 政府角色及其价值取向的质疑

#### 5.2.2.1 政府职能及其价值取向的理论

根据马克思主义的国家观，政府作为国家上层建筑的核心部分，它必然发挥包括经济、政治、文化、社会等多方面的职能，以反作用于经济基础，维护特定的阶级统治和社会的生存运行①。其中，政府的经济社会职能是政府众多职能中最基本的组成部分，正如恩格斯所说："一切政治权利起先总是以某种经济的、社会的职能为基础的。"②

政府到底应该如何履行管理（经济）职能？这是经济学界一直争论不休的问题。到整个20世纪，基本上可以划分成为两个对立的理论阵营——"看不见的手"（invisible hand）和"帮助之手"（helping hand），又称"看得见的手"。亚当·斯密（A·Smith）在1776年发表的具有历史影响的著作——《原富》一书中石破天惊地提出"无形之手"的理论及有关论证，此后，逐步演变成新古典经济学的理论主体。他们推崇自由市场经济制度，认为一切经济活动都是通过市场和价格——这双"看不见的手"的有效调节来配置资源，来自发实现社会利益的最大化。显然，在新古典经济学的世界里，政府的作用被最大限度的淡化了——政府只是市场"游戏规则"的制定者，是"守夜人"的角色。然而，随着社会经济向前发展，特别是第二次世界大战前后，"市场失灵"（Market Failures）的事例俯拾皆是，表现在公共产品（Public Goods）供给不足③，信息不全和信息不对称④，

---

① 关于政府的职能，在中国还要注意这样的事实和特色：由于国有经济在整个国民经济中居于主体地位，政府还是大部分经济资源和自然资源（如土地）的所有者。因此，政府在发挥经济管理职能的同时，也发挥着公有财产所有者的重要职能。

② 转引自蒋学模主编. 高级政治经济学——社会主义本体论. 复旦大学出版社，2001. 118

③ 诸如国防、卫生保健、道路等公共服务和基础设施等具有非竞争性、非排他性和不可分性的物品或劳务，由于很难避免"免费搭车"，因此无法通过市场定价的方式激励企业提供充分的供给。

④ 市场决策所需要的市场信息作为特殊的公共产品，从来不可能是完备的。同时，市场交易双方所拥有的信息数量、获取和处理信息的能力也是不均等的，一方可能凭借信息优势为自己牟利而对另一方的利益造成损害。

环境污染，垄断、失业、区域经济发展不均衡等等“负的外部效应”（Negative externalities）① 诸多方面。因而和“看不见的手”相对立，政府应积极干预经济活动的主张使“帮助之手”的观点应运而生，凯恩斯主义和新凯恩斯主义经济学是其理论代表，这里政府就由“守夜人”的角色转换成“警察”的角色。然而，纵观20世纪这两种学说在不同国家和地区的实验，现实中市场失灵的例子诚然不胜枚举，但是政府失败的例子也不在少数，表现在大量的贪污腐败，国营企业的长期低效运营，资源配置中特权利益集团（源自权力）对其他群体的侵害等等。

现代经济学普遍认为，政府有权干预经济活动，成为“帮助之手”必须具备一个理论假设：政府是社会利益（Social wearfare）的最佳代表，政府行为的最终目标是实现社会利益最大化②。“政治统治到处都是以执行某种社会职能为基础，而且政治统治只有在它执行了它的这种社会职能时才能持续下去。”③ 换言之，政府只有在代表着社会利益时才是合法地行使权力。我国宪法第二条也规定，“中华人民共和国的一切权力属于人民。”政府的社会经济管理者身份及相应的权力是人民所赋予的，是以它能代表全体人民的需要和社会利益需要为前提的。因此，维护和实现社会利益是政府权力干预社会经济生活的理由之一④。其实，正是基于自由市场行为给个人、集体和社会可能带来损害的潜在倾向，以及给整个社会带来“负的外部效应”，为了维护社会利益，政府才被赋予干预社会经济的职能和权力。这时我们再度审视“帮助之手”学说，会发现其根本症结就在于：政府代表社

① “负的外部效应”又称外部性，是指市场主体的行为使私人成本或私人收益“外溢”而造成与社会成本或社会收益背离，从而无法实现资源最优配置的现象。

② 刘俏．经济学中的政府．21世纪经济报道，2002－04－02

③ 恩格斯《反杜林论》?《马克思恩格斯全集》．第20卷．195．转引自孙笑侠．法的现象与观念．北京：群众出版社，1995．144

④ 事实上，在计划经济时代一直是把国家利益作为权力干预的惟一理由，从而造成权力过分干预个人自由、个人权利，甚至侵入到社会利益领域的现象。例如，在城市房地产市场中除了各种类型的、具有独立法人资格的开发商，还有一些政府部门机构办的开发企业，特别是计划、土地、建设、规划等与土地开发关系密切的政府机构，这一现象本身就是对房地产市场经济秩序的破坏。当然，以社会利益作为权力干预的理由也不是没有限制的。孙笑侠在《法的现象与观念》一书中认为，对权力的社会利益理由也应有限制措施，如因公共利益征用土地，或因紧急状态干预个人权利而造成损失，应当给相对人以补偿。

会利益的前提假设受到了挑战，现实中政府行为往往容易偏离通向实现社会利益最大化的行为规范。

#### 5.2.2.2 城市规划中政府价值取向的质疑

城市规划是政府的一项法定行政职能，政府规划行政行为的价值指向既遵循一般的理论假设，又与城市规划的社会作用和社会目标有着内在的联系。

由本书第二章的相关研究知道，规划的社会作用有不可分割的两个层面：规划作为一种技术手段的工具性作用和规划促进社会改良及社会目标实现的作用，而城市规划社会作用的主要价值范畴可以概括为促进效率和实现公平。虽然这两项主题不能代表城市规划理论发展中关于规划作用和价值取向的全部内容，但无疑是规划实践一直孜孜以求的、且希望兼而有之的两项目标，表达了规划社会作用的本质和价值取向的基本内容①。考察规划理论和实践的发展，1960 年代以前，促进效率往往成为规划的实际作用和具体目的。但是，规划的效率价值在 1960 年代遇到了前所未有的挑战。社会福利、社会就业、住房、城市公共设施等社会问题的挑战和公众参与、倡导性规划等规划理论和思想的兴起使规划的社会目标越来越清晰，模糊在效率背后的公平价值开始处于一种重要的位置。人们开始逐步认识到，市场经济条件下城市规划的基本工作就是面对和解决城市的公共问题，指向服务公众的目标。总而言之，理论上城市规划的作用是通过综合安排土地使用，引导经济发展，塑造富于效率和适宜安居的城市，其最终目的是满足社会发展目标的需要，即城市规划具有保障社会利益的目标取向和价值取向。

基于以上的分析，依据“帮助之手”的理论，政府行使城市规划职能，干预城市开发建设活动的一个理论假设就是——政府应该代表城市建设中广大市民最普遍的利益，并保障城市规划社会利益的实现。

---

① 关于市场经济条件下城市规划目的的讨论，人们既不能否认促使效率提高，更不能忽视公平价值的存在及其重要意义。香港规划署主编的《香港的城市规划便览》一书中，就言简意赅地这样总结到，“在香港进行城市规划的目的，是透过对土地的发展及用途订定指引及作出管制，为市民提供更健康、更安全、更便利和福利更佳的生活环境，并使香港成为更有条理、效率更高的城市，是市民安居乐业的理想居所。”

然而，囿于具体的历史发展条件，我国城市规划的社会目标指向并不突出，而是一直强调了规划的工具性价值和技术性作用。这样，理论上社会利益虽然是政府规划行为的价值考量之一，但却并不是政府首要的或主要的价值取向。而在我国实际开发建设中，社会公共利益受到侵害和政府维护社会利益失败的事例却不胜枚举，政府的规划要么有时会被开发商牵着鼻子走，要么为了解决地方经济发展压力，完成"政绩工程"，不得不或不惜暂时牺牲其他主体的利益，其中就包括市民利益和社会利益。因此，政府规划行为的价值偏离常常使人们不免产生这样的困惑："城市规划到底听谁的?"在我国现行体制下，地方政府在履行其职能时，既承担着沉重的经济发展责任，同时却缺乏相应的财政扩展能力。财政包干和分税制导致地方政府极力扩张地方经济发展的规模和速度，追求经济增长目标。因此，政府关注的首位度问题并不是社会利益和社会公平的事情，至少目前还不是。"在中国社会向市场经济转型的时期，市政府关心的中心问题只有一个：城市的经济发展（包括扩大城市经济总量以增加税收，增加就业岗位以减少失业，投资城市建设以改善市容）。""为了显示政绩，在一定程度上说，所有的市政府都是短视的，只有在本届政府任期内能完成的项目，才是市政府真正关注的中心。""在有限的时间、有限的资源条件下做出政绩，是市长们的主要压力。"① 这样看来，在以规划行政权力干预和控制城市开发建设的过程中，政府规划行为会时常偏离实现社会利益最大化的目标，而那却是一个更接近真实的政府。"看得见的手"的传统理论假设在城市规划中同样也遭到了质疑。

### 5.2.3 城市规划中公平与效率的悖论

在城市规划建设的法律实践中，规划法就是在市民个人利益、开

① 这是张庭伟在《构筑规划师的工作平台》[城市规划 2002 (10)] 一文中，对当前我国地方政府和市长对于政绩的关注以及所受到的压力的阐述。关于政府政绩的考核标准一直是社会讨论的一个问题。龙永图主张，考核政府政绩主要看就业率和税收，而不是 GDP。而另据报载，浙江省的地方政绩考核标准已经从总产值考核、GDP 考核、再到目前的财政收入考核。因为，总产值和 GDP 仅反映了经济运行盘子的大小，财政收入才反映经济运行的内在质量。企业做实了，地方经济的基础就实了。其实，无论是财政收入和税收考核，还是就业率考核，都是为了促使政府多一些远期行为，少一些急功近利。

发商利益、地方政府的利益和社会公共利益之间寻找平衡和妥协。这些利益的矛盾交织中所涉及到的选择归根结底会指向一个价值判断的问题，即公平价值与效率价值之间的关系问题。但显而易见的是，促进效率和实现公平常常成为城市规划决策和城市规划立法中的两难问题，成为一个似乎“鱼和熊掌不可兼得”的问题。特别在当前中国城市建设的市场化及快速城市化的过程中，是效率优先，抑或公平优先？是效率优先条件下兼顾公平，还是公平优先条件下兼顾效率？是否有些时候公平与效率同时受到了损害？在公平与效率这两项基本价值之间，城市规划法始终面临着艰难的抉择，时时陷入困惑的境地。①

其实，这种困难和抉择既不是“效率是手段，公平是目的”的关系规律所能解决，也远非“市场性合理化”和“社会性合理化”两种目标所能言尽②。城市开发实践中多种利益的矛盾交织所反映出的公平与效率之间的关系，并不只是“非此即彼”、“此消彼长”的简单选择，而是演绎出二者之间关系权衡中的复杂且微妙的内容。正如阿瑟·奥肯（Arthur M·Okun）所认为的，“在效率和平等间权衡，并不意味着凡有利于这一方面的因素就必然有害于另一方。如果对富者的税率重到足以破坏其投资，就会影响到贫者就业的数量和质量，这就使效率和平等两败俱伤。而那些既有助于提高生产率，又有助于非熟练工人增加收入的技术，则可使社会在平等和效率两方面齐头并进。然而，两者的确是有相互冲突的地方，由此产生了种种问题。”③在城市规划建设中，正是由于不同利益需要的冲突和竞争，形成了效

① 其实，照阿瑟·奥肯（Arthur M·Okun）看来，推至整个社会经济领域，公平和效率之间的关系都是一种更为纠缠不清，影响更加广泛，同时也更加厉害攸关的权衡关系。奥肯在经济理论上倾向于凯恩斯学派，长期致力于宏观经济理论的研究。他曾出任过约翰逊时代的总统经济顾问委员会主席，担当国美国政府的高层经济决策者。《平等与效率——重大的权衡》一书是其代表作品之一。

② 张庭伟在《市场经济下的规划及规划师的职责》［城市规划 1993（3）］一文中认为，社会生活中有两种合理化。一种是力求以最小代价获得最大利益的合理化，以效率为目标，就称之为“市场性合理化”；另一种是最大多数人获得最大利益的合理化，（当然，付出的代价未必是最小的），以公平为目标，可命之为“社会性合理化”。两种合理化的共同点是追求最大得益，不同点是如何分配这种得益。在市场性合理化的观点看来，利益集团当仁不让地要享有得益，对社会性合理化来说，公众分享得益才是目标。

③ 阿瑟·奥肯（Arthur M·Okun）. 平等与效率——重大的权衡. 王忠民，黄清译. 四川人民出版社，1988. 7

率和公平之间关系的复杂性和动态性，使得人们在判断和选择时常常陷入两难的境地。

那么，当前城市规划建设中效率价值和公平价值之间表现为哪些关系内容呢？

其一，促进了效率，但却损害了社会公平。例如据报载，2002 年 4 月，世界五百强之首、商界零售业巨鳄“沃尔玛”进驻济南老城中心泉城路，这是济南市政府引进的一个国际性大型商业项目，为此济南老城几条蕴含着丰富人文历史要素的清代古巷被拆迁，不得不黯然退出历史舞台。自拆迁伊始，此项工程就已成为济南市民关注的焦点。报纸对此条新闻的命题是“大卖场逼退老济南”[①]。成功引入“沃尔玛”会增加地方的税收、促进地方经济增长和增加地方就业机会，无疑也为地方政府的“政绩”添加浓重的一笔。而“沃尔玛”为什么不选址在济南郊区，而偏偏建在市中心，想必这正是资本获取高额回报的利益所在。这样，地方政府、企业和部分市民（如因此获得就业岗位的人）的需要都各得其所，但是作为历史文化名城，济南历史文脉的延续却被切断了，我们将无法告诉后人，济南古城在哪里，人们曾经怎样生活过，对于城市生命的记忆将渐渐模糊了。在这一个城市开发的案例中，促进效率成为选择的标准，而社会历史文化的公共需要及其所体现的公平价值却受到了损害。

其二，城市规划和开发中的有些措施能够使效率和公平两方面“齐头并进”，既能促进效率，又能实现公平。像前面“济南案例”所反映的关于发展经济和保护城市历史文化的问题，在我国当前大规模、快速的城市改造和开发建设过程中可以说屡见不鲜。是促进地方经济增长，还是保护城市文化遗产；是实现效率，还是保障公平，关于这方面的争论伴随着 1990 年代以来的城市大规模开发从来没有停止过。事实证明，如果开发建设的方式充分尊重城市历史文化的遗

① 见刘彦．大卖场逼退老济南．齐鲁周刊．2002－05－24（2～4 版）．“沃尔玛”商业购物中心工程建设拆迁从 4 月 8 日开始。拆迁范围为太平寺街双号 6～24 号；将军庙街双号 24～30 号；高都司巷双号 2～48 号，单号 9～33 号；泉城路 339 号、341 号、343 号、345 号、371 号、373 号。自拆迁始，这项工程引起了市民的普遍关注和争论。5 月上旬，包括《人民日报》、《中国青年报》国内的多家媒体纷纷发文，对于济南老城的开发狂潮给予关注。

存，那么就有可能实现效率和公平的双赢。如平遥古城在城市开发热潮中采取了完整保留的策略，现在已经成为世界文化遗产，每年给当地带来可观的旅游收入和经济效益，同时对于人类文化的延续方面更具有长远的意义。除了以上开发和保护之间的问题外，在城市建设中如果注意合理布局公共服务设施、完善配套市政基础设施，并且适当增加公共的绿地和公园，那么不仅保障了社会公共利益的需要，而且对于这一地区的土地开发将形成可观的市场增值潜力。

其三，在当前城市规划和开发建设中常常也会发生既损害了公平，又对效率无益的事件。例如，目前地方政府在城市的重大规划（城市总体规划、城市中心广场规划等）方面一般都对市民公开展示，让市民知情，听取市民意见，这是促进城市规划公平参与的一个有意义的措施。但这个措施往往会只是流于形式，因为在采纳市民意见，特别是市民的建议可能比“拥有规划资质”设计单位的方案更符合现场的实际、更有实效，如何将这些有意义的市民建议、甚至是市民方案吸收进来则面临着诸多障碍。这使得实施的方案效率不高，方案展示同样耗费时日，而公众参与却只是形式而已，最终造成公平和效率的两败俱伤。这里有一个生动的案例是郑州市中心“二七广场”改造的规划过程。媒体对于一位郑州市民有价值的方案两年之久未予理睬，而称之为“一位民间设计者的‘广场梦’”①。

综合以上分析，也只是勾勒出了城市规划和开发建设中公平和效

---

① 据江华. 一位民间设计者的“广场梦”. 南方周末，2003-04-03（9）载：作为郑州现代史上最重要事件之一的发源地，二七广场一直是郑州人自豪的地方——国家和城市发生大事件的时候，郑州市民总是到这里抒发自己的感情。然而随着城市发展，二七广场像郑州身体里一条不畅通的血管，车辆和行人在二七纪念塔下交织，严重阻碍了郑州东西向的交通。郑州市民任俊杰，是一名铁路工人，他通过仔细的现场踏勘、测量，并研读专业书籍，2001年2月拿出了二七广场的一个改造方案，并得到了市民、周围商家、交通部门和专家学者的认可。2002年，郑州市通过“国际招标”的方式，征求方案，并继而将招标方案公开，让市民提意见。但是任俊杰的展板和图纸，因为是个人行为且没有“规划资质”而被轰了出来，其建议也被不予理睬。2003年郑州市准备采用的一个方案是可能少花一些钱，在广场周围建造人行天桥，暂时解决交通矛盾，但广场的市民休闲还是不方便。而任俊杰的方案被专家评定为，“可能多花一些钱，但是通过引导交通地下隧道穿行，对拥挤的车流进行了有效疏导，使原来的6条马路交汇口，变成了一个5000平方米的市民休闲广场。总的来说，是一个一劳永逸的改造方案。”最新消息是，2003年3月，中国工程院院士王梦恕在参加十届全国人大一次会议期间，将任俊杰的方案作为议案，提交了上去。

率之间主要的几类关系。这是因为尽管公平和效率的内涵清楚，但所涉及的外延内容却极其宽泛，至于在城市规划具体实践中，取谁、舍谁，孰轻、孰重并非那么容易权衡，决不是纸上所写的“两者兼顾”那么简单。公平与效率之间的天平到底倾向于哪一方，可以说与很多因素有关，诸如不同利益的竞争是否充分、地方的经济实力强弱、政府官员的素质高低等等。处于不同发展阶段的城市，经济实力强的可能在社会公共需要方面做得好些，而对于经济落后的地区发展经济是头等的问题，即使有些项目侵害到社会利益，甚至从规划技术上看有些不合理的要求，但要对千方百计引进来的大项目说“不”，又谈何容易。其实多数情况下，在不同的城市、不同的具体条件下，多元的利益需要常常纠缠、渗透在一起，造成公平和效率之间的交错和矛盾。这种现象使人们可能会陷入价值观上的二律悖反，使得城市规划法在价值判断上陷入两难的境地①。

## 小 结

虽然说规划法对开发商本身权利的认定基本是适当的，但当前却仍有大量的开发行为侵害其他利益、甚至公共利益的问题无法控制。需要思考的是，在演绎规划建设领域的利益关系中开发商拥有了一定的法定权利，市民个人及社区组织是否获得了相应的权利？地方政府的权力是如何使用的，是否是指向维护社会公共利益的目标？如果对这些问题的回答是不肯定的，那就说明规划法律规范及具体的法律程序缺乏对多元利益主体之间的关系及他们所应具有的权利的设定。

由于没有形成多方利益制衡机制下不同利益主体的沟通和对话，所以很难在开发商权利实施过程中实行有效地制约，以防止其可能对其他主体权利的侵犯。同样，也很难保障政府规划行为围绕社会公共利益的需要，很难保障市民个人利益维护有回旋的空间。将问题反思

① 所谓价值观上的二律悖反，如：追求效率的学者强烈反对政府干预市场，它们认为“吃大锅饭”无异于荒唐甚至发疯，这种对效率的片面追求显然忘记了社会公平的需要；而另一方面，站在“绝对公平”立场上的人，又把拥有大量财富和巨额收入视为十恶不赦，把“金钱”、“富有”看成一些肮脏的字眼。这种对公平的片面强调，忽视了市场对于社会发展的积极作用。在城市规划建设中则表现为“非此即彼”的观点。

向最根本的规划法价值等法理基础推进，我们更深刻地认识到，由于规划法传统价值的错位（国家本位）以及不可能对多元利益之间竞争关系作出准备，因此在立法中没有设定多元利益的沟通机制和多层次的制约机制——这一机制中既包括开发商和政府，也包含市民个体和社区组织——从而造成法律调控中整个利益结构失衡，城市开发中公平与效率的关系时常陷入令人两难的境地。

# 6

# 城市规划法的价值调适

无论是开发商利益、地方政府利益的规范，还是社会公共利益、市民个人利益的维护，都不是孤立的，不是在法律上可以单独解决的。他们都处于规划建设领域的整个利益关系结构中，相互竞争，彼此制约，此消彼长。所以，面对当前利益关系中的突出问题，关键要在规划立法上形成多元利益的对话和调控机制，根本的基础则是在法理上进行规划法的价值调适。

## 6.1 多元利益的法律调控原则

市场经济下多元利益的共存和竞争是一个普遍的社会现实。客观上，各群体之间不可避免地会存在利益矛盾和利益冲突，如果国家在协调利益矛盾方面软弱无力，或者完全偏向某些群体的利益而漠视其他群体的利益，那么，社会各群体合作的可能性就会消失，冲突和对抗的可能就会变成现实（陆学艺，2003）。在协调利益关系方面，法律不仅是相对稳定的、带有强制性的一种规范手段，而且法律的作用就是协调不同社会关系主体之间的利益分配，这正如德国法学家耶林（Rudolf von Jhering）的思想，“法律的立场，犹如一位公正的调解人，评判所有互相竞争的需要及主张。”① 那么，在城市规划建设领域，面对当前相互竞争的利益关系及其突出的问题，规划法的调控原则是什么呢？当然，以下关于利益法律调控的原则就构成了规划法价值调适的一个基础。

首先，在规划法的法律调控层面上要认识到，随着我国市场经济改革的推进，当前城市规划中已经出现并形成了不同利益主体的互相竞争，开始形成相互重叠、相互竞争的复杂利益结构。开发商、市民、地方政府成为新的利益结构中的主体，社会利益的法律保障诉求也日益强烈。规划法必须首先要确认这些利益形态的形成，并对这些利益的合法性予以法律承认，界定这些利益主体的法律权力（权利）。继而，面对法律已经承认的多元利益，面对它们对于有限资源的竞争

① ［英］Dennis Loyd. 法律的理念. 张茂柏译. 台湾联经出版事业公司. 195. 转引自孙笑侠. 法的现象与观念. 北京：群众出版社，1995. 149

和冲突，保障谁的利益实现，抑或适度制约谁的利益；如何处理开发商的利益、市民的利益、地方政府的利益和社会利益之间的关系，规划法必须在社会时空的发展变化中进行判断、选择和平衡，适时调整法律的价值取向。

其次，规划法律调控要遵循各类利益的一般关系原则。在个人利益、集体利益、社会利益、国家利益的相互关系中，后三类利益并不是凌驾于个人利益之上，更不能代替个人利益。相反，集体利益、社会利益和国家利益存在和发展的目的，归根结底在于个人利益的实现。离开了个人利益，离开了社会个体对于自身需要的积极追求，前者就成了无源之水、无本之木。同样，在城市规划建设领域，市民利益属于个人利益，开发商利益有些情况下（如私营企业）是个人利益，有些情况下（如国营、集体企业）是集体利益，地方政府的利益应该属于一种集体利益，此外还有城市规划的公共利益。它们之间不存在谁能代替谁，谁能凌驾于谁之上，在规划立法上它们之间需要的是利益关系的一种平衡。

再次，规划法律调控要充分重视利益的动力作用，引导其积极作用，约束其可能的负作用。社会发展的动力是一个很复杂的系统，而启动这个复杂系统的往往是主体的利益追求。当然，利益追求往往会受到调控或作用，被加上一个“力矩”。因此，利益追求的动力作用是强是弱、是好是坏，还取决于在遵守法律的范围内，在其他因素（包括法律）的制约下，利益追求能不能真实地表现出来，能不能直接地起作用。利益追求与其制约因素之间，可能一致，也可能歧异，或者可能相反。如果一致，则可以有效地节约成本，有效地推动经济发展和整个社会的进步；反之，如果不一致，利益就会遭到漠视与否定。在实际生活中，忽视和扼杀利益追求完全是一种消耗，既增大了成本，又降低了效率。在当前城市规划建设领域，市民个人、开发商、地方政府对各自利益的追求都不应被忽视，社会利益更值得关注。市民对住房及其环境的要求构成了城市房地产开发的需求市场，如果没有需求，这个房地产市场就不会存在；开发商的行为，则活跃了城市的房地产市场，增加地方税收，支持城市经济的发展，并且有助于旧城改造和城市面貌的改观，开发商对利润的利益追求无疑具有积极作用的一面；地方政府对于“政绩”的追求尽管不完全代表公众的需要和社会利益，但它却反映了地方政府在城市规划和建设中的积极性和主动性。因此，从利益动力作用的意义上来说，规划法在调整市民利益、开发商利益、地方政府利益和社会利益之间的关系时，首先要基于一定的法律价值取向，保障这些利益追求发挥最大的作用。

但是，鉴于利益总是通过不断扩张的过程实现着利益的增长和增值，法律在发挥利益动力作用的同时，又必须把利益追求规范在一个趋近理性、合理的范围内。特别对于一些强势利益，更要注意控制和约束。在城市规划建设中，地方政府所拥有的规划行政权力具有单向强制的属性，如果没有有效的外部作用和监督，这种权力的行使就可能不仅不完全代表全体市民的利益，而且可能立足于地方政府自身局部的利益，甚至立足于权力行使者的利益。此外，开发商相对于市民无疑属于强势利益，具有为了追求自身的最大回报而侵害市民利益、甚至社会公共利益的倾向。对开发商利益的控制要善于运用利益的约束性，因为利益约束是最重要的约束之一，其他形式的约束大多总要归结到利益约束。由于被约束者要承担利益上的损失，大多数情况下，任何主体都会极力避免利益的损失，因而会自觉地接受约束，使外部的约束成为自己内在的约束。这样，如果开发商为了追求高额利润而侵占市民利益或其他利益，那么在法律上无论给予行政处罚，还是给予经济处罚，就是使其利益的可能损失将超过它想侵占的利益。

最后，法律调控的程序要公开。要让市民、开发商、地方政府和其他社会组织在制度化的框架下进行利益对话、利益博奕和利益妥协①。因为，利益冲突如果不是通过公开的、直接的渠道得以平衡，

① 张庭伟在《中国城市建设的第二次高潮》[城市规划 1995（5）]一文中也提出了“存异—对话—求同”的利益调控途径。他认为，首先要承认城市建设领域利益关系的多元性。只有承认了多元性，才能有机会在不同利益主体之间维持平衡。同时也只有承认各方利益主体存在所拥有的权利，才能有机会使他们进入协商平衡的轨道。简言之，“存异”是“求同”的前提。其次，建立不同利益主体对话的渠道，实现互相制衡和求同。对话的过程实质上是不同的利益主体互相制衡、相互妥协的过程。这一过程应该是公开的且透明的，即成为制度化的规范程序。再次，通过对话过程，试图寻求不同主体之间的共同利益，并在社会利益引导下走向共同利益。

那么势必会去寻找隐蔽的、非制度化的途径解决问题。那么市民往往会求助媒体曝光，开发商则会寻求其他手段影响政府决策，从而导致种种暗箱操作、权钱交换和贪污腐败。因此，规划领域的各类利益冲突调控，须置于公开透明的法律程序下进行，各主体在这一程序下都有表达自己利益需求的法定权利。各主体只有通过对话、冲突和妥协，才能最终走向相互平衡。

## 6.2 城市规划中政府角色的重新解释

### 6.2.1 政府职能的"委托—代理"分析框架——一种现实的理解

委托代理理论在当前有关现代企业制度的研究中，是一种被普遍采用的分析工具。例如，股份公司的产权安排和治理结构就可以用一种两级制的委托代理关系（Relationship of Principal—Agent）来理解(P代表委托方，A代表代理人)：

股东 P—A 董事会 P—A 经理

即：第1级是股东（委托人）和董事会（代理人）之间的资本权利关系。第2级是董事会（委托人）和经理阶层（代理人）的资本权利关系。

在委托代理关系中存在着两个突出的问题和特征。其一，委托人和代理人之间的利益不一定完全一致，存在代理人背离委托人目标的问题。因为经理不是资本的所有者，因此他们追求的首要目标并不一定是利润最大化，而可能是自身的金钱、名誉、社会声望、稳定、舒适等不同于所有者的多重目标。正如亚当·斯密（Adam Smith）在《国富论》中所指出的，管理他人财产的董事或经理（代理人）是不大可能具有资本所有者（委托人）那样强烈的经济利益激励的。其二，委托人和代理人之间存在着"信息不对称"。这既表现在委托人和代理人掌握有效信息的能力不一样，也表现在委托人不可能充分掌握有关代理人努力、行为、工作绩效等信息。在信息不对称的条件下，代理人就有机会隐瞒不利于自己的信息或者制造、发布虚假的、扭曲的信息；代理人就有机会利用私人信息优势，为增进个人利益，而不惜损害委托者的权益。这种行为特征就是代理人的"以权谋私"、

"损人利己"[①]。

假设政府作为代理人（Agent）而存在，是对政府经济职能一种现实的理论解释，也是基于实践反思对"帮助之手"的理论假设的修正。现代社会中，人民赋予政府管理社会和社会资源的权力，人民和政府之间实质上就形成了一种委托人——代理人的关系。作为代理人，政府行为的目标往往并不会完全与全体选民的意愿一致，在西方往往代表着支持其当选的利益群体的特别利益；在中国，则实质上往往指向其对于"政绩"、"地方经济发展指标"等自身利益需要。因此，完全相信并依赖政府实现经济活动的最优化和社会利益的最大化是不现实的，也是不可能的。于是，在"看不见的手"和"帮助之手"两种学说之间，委托代理理论因为更贴切、更准确地解释和描述了政府的职能而日益被人们所接受，经济学中的代理人问题也就存在于政府行为之中。在委托代理人的分析框架下，作为代理人的政府往往容易为满足自身的或某些利益集团的特殊利益，而采取偏离社会利益目标的政策和行为。

把政府作为代理人来理解的意义在于，能够深刻理解政府决策的背后过程，还原一个具有自身利益需要和其他集团利益压力的真实的政府，而不仅仅停留在对"为什么没有代表人民的利益决策"的理想政府的拷问。正如刘俏所认为的，把政府作为代理人来理解，有双重意义："一是它能帮助人们理解现有游戏规则的形成——现有规则只不过是和政府有千丝万缕联系的利益集团博弈的结果；二是有助于理解应该怎样入手，改变现有游戏规则，设计新的规则。"[②]

把政府作为代理人来理解的核心问题，是委托人如何使代理人的行为符合委托人的利益，即全体市民如何使政府行为符合他们的愿望和社会利益的目标。而相应制度改革的另一个出发点应该是限制强势利益集团通过影响政府决策而干预经济社会生活。

基于以上理论，来理解我国城市规划中的政府行为，就能获得全新的理论研究视野。同时，有助于从一个新的角度透视城市规划建设

① 蒋学模主编. 高级政治经济学——社会主义本体论. 复旦大学出版社，2001. 140～143

② 刘俏. 经济学中的政府. 21 世纪经济报道，2002－04－02

领域利益关系的协调问题，调适城市规划法的价值取向，确定支持其法律价值实现的相关制度改革的一些重要原则。

### 6.2.2 城市规划中作为代理人的政府

宪法第二条规定，“中华人民共和国的一切权力属于人民。”城市则是人民的城市（所谓“人民城市人民建”），全体市民是城市资源的所有者。通过城市规划对城市资源的开发建设进行控制，正是全体市民作为所有者委托政府行使的权力。因此，城市规划中政府实质是代理人的角色，而不是“帮助之手”理论视角下的“道德政府”或“理想政府”角色——自觉地代表全体市民的利益，追求社会利益的最大化。

作为委托人的全体市民和作为代理人的政府之间存在着严重的“信息不对称”。一方是拥有行政权力的组织机构，一方则是无组织性的分散的个人，双方显然在获得信息的能力和渠道上有着巨大的差别。政府通过其各职能机构（土地部门、规划部门、发展改革部门等）拥有巨大的信息库，而每个市民若想了解获取相关信息，只能在社会关系支持的范围内或者通过法律规定的程序和渠道，向政府部门索取。纵观城市规划从编制到实施管理的全部过程，是否即时掌握这些规划信息往往就涉及到市民、地方政府以及开发商等主体的利益是增还是损。

首先，在规划编制阶段，总体规划涉及到城市土地资源的利用、城市发展方向、重大公共设施布局以及道路等市政基础设施的配套供应；详细规划则涵括公共绿地的布置、住宅的通风和采光质量、地块的使用性质规定及规划指标控制等等。因此，编制规划就是平衡城市资源在各利益集团之间分配的过程，是保障社会利益最大化的关键阶段。但是，在规划法中找不到市民参与规划编制的法定权利——编制规划只是政府的权力和规划专业技术人员的工作。市民基本没有公开的渠道获得有关审批通过的规划的信息，更没有发表意见并参与决策的渠道。当然，随着改革的深入，我国某些地方性法规（如深圳市和上海市）已经规定审批通过的规划（主要指总体规划）必须向社会予以公布，并且市民已经初步拥有了发表自己意见的权利。

其次，在规划实施阶段，开发商往往可能通过各种渠道游说或影响政府，使得开发能够选取控制指标的上限，或者对规划控制指标（如地块使用性质、绿地率等）做出有利于己，但可能同时有损于他人（别的开发商、周边的居民和社会利益）的规划调整，或者违背规划，“合法”地进行违法开发建设。这一阶段关于开发商规划申请和规划许可的信息，市民更是无从得知，似乎这些都是政府的“行政机密”。而也恰恰是在这个阶段，更容易对市民切身利益带来直接的损害。综合以上分析，由于在城市规划全过程中，市民和政府之间存在着“信息不对称”，政府就有机会、有可能隐瞒信息，甚至利用掌握的信息，谋取自身需要的利益，像追求“政绩“、“经济发展指标”、“形象工程”……当然这些可能并不是全体市民迫切需要的，也不一定是社会利益的目标取向。

在政府作为代理人的城市规划过程中，开发商无疑日益成为强势的利益集团，他们可能采取各种方式、通过各种渠道影响政府的规划决策。在中国，开发商当然不是西方国家所谓的支持政府当选的利益集团，政府是由地方人民代表选举出来的。但是值得注意的是，尽管政府的利益需要与开发商追求利润最大化的利益取向并不一致，政府也并不代表开发商的利益，但是开发商的建设活动往往是促进地方经济发展的重要力量之一，能够支持和满足地方政府及其主要决策官员追求“政绩”的需要。因此在这一点上，地方政府的内在需要和开发商利益并不是剧烈冲突的，而且在实际结果上可能是互为有利的。

## 6.3 城市规划法的价值调适

### 6.3.1 转换“国家本位”的价值取向

当前我国向市场经济转型的改革进程中，城市规划建设领域的资源分配和开发方式都已经发生了根本性的变化，彻底打破了原计划经济下及计划经济影响下相对单一的社会利益关系，由此城市规划法原先确立的国家本位取向的价值已经失去了其所依托的社会关系的客观基础。换言之，城市规划建设领域的利益关系状态和特征是规划法进行价值判断的现实基础，这一客观基础已经发生了根本性变化，规划法的价值取向也必然面临着相应的调适和转变。城市规划法首先要确认当前城市规划建设中多元利益主体已经形成，承认各种利益形态——社会利益、开发商利益、市民利益和地方政府利益——存在的客观性和必然性。当然，承认并了解多元利益竞争和冲突的存在状态是法律价值调适的一个基础。在此基础上，保障哪类利益的实现、制约哪类利益的膨胀以及如何协调它们之间的关系，则是城市规划法价值取向的核心问题。随着"国家本位"的价值转换，城市规划法也要将立法重心从规划行政职能和规划技术过程的规范，转移到着重调整城市资源开发建设过程中的利益分配，以促使多元利益形态走向新的平衡关系。

### 6.3.2 强调社会利益保障

城市规划法原先立足于国家本位的价值基础需要转换，新的价值支点在哪里呢？

分析当前城市规划建设领域的利益关系的特点及其突出的问题，结合市场经济下整个法律理念演变所带来的启示，社会利益愈来愈凸显其重要的意义，确立社会利益的保障原则应该成为规划立法的题中应有之义。其一，从当前我国规划建设领域利益关系的主要特征看，社会利益的保障日益成为一个关系社会全局的举足轻重的问题，如城市土地等资源的可持续利用，自然风景区和历史文化遗产的保护，可持续发展的人居环境建设，城市老龄人群等社会特殊人群的社区照顾等等。但同时，由于这些社会利益在法律上的权利主体大多为抽象的公共社会，确定的、实体性主体的缺位往往导致社会利益成为法律保障的"灰色地带"，而容易受到侵害和破坏。其二，从市场经济下整个法律发展和演进的历史经验看，随着社会关系和社会矛盾的变化，法律原则经历了一个从强调保障个人自由和个人权利，转化到维护社会利益、强调个人权利实现要和社会利益结合的过程①。在城市规划

① 比如在西方法律和社会思潮强调个人权利的时期，拥有土地和资金的业主，其开发行为较少受到控制，对于在土地上建什么项目、面积规模多大等等，政府规划并不作过多干预，而是主要由开发商面对市场的需要去选择。但是随着城市开发和建设越来越影响到自然环境的质量和生态平衡，从1960年代开始，英美相继颁布了环境法案，制定了一系列新的规划法规，控制海滨的开发建设，保护郊野森林、公园等自然环境。

过程中，城市长远发展的要求和社会公共需要日益得到重视。其三，自 1980 年代开始，经济、社会和环境的可持续发展普遍被世界各国认同和接受，并成为指导国家经济社会发展的总的战略原则。可持续发展已经成为现代社会公共利益的重要内容。城市规划和建设既与自然资源的开发利用不可分割，又与人的物质环境和社会环境的形成密切相关，因此可持续发展原则同样适用于城市规划建设领域。而在规划立法上要体现并保障可持续发展的理念，根本的法理基础首先是确立社会利益的保障原则。

规划法强调社会利益保障的意义在于，在调整当前城市规划建设领域多元利益关系中找到了一个竞争、对话、妥协的支点[①]。市民利益及个人权利需要保障；对于开发商利益，既要充分发挥其动力作用，又要对其利益扩张可能侵占其他利益进行有效的制约；对于地方政府而言，鉴于其所拥有的规划行政权力是一种单向、强制的“特权”，要制约其权力的行使不过分侵害个人权利，并保障其权力行使立足于社会利益的目标。凡此种种，协调这些不同的需要和主张，平衡他们之间的利益分配关系，社会利益无疑是他们之间进行对话的一个中立的结合点。

“正义以公共利益为依归。”[②] 在我国市场经济条件下，效率与公平的关系在利益结构上主要就表现为个人利益、集体利益和社会利益之间的关系问题。城市规划的社会利益保障是规划法公平价值的重要内容之一。因此，城市规划法的价值取向由“国家本位”向“社会本位”转换传达出这样一个信息——不可忽视对城市规划中社会公共利益的保障，规划法除了要保障城市资源的开发利用效率外，更应该把资源开发利用过程中的公平原则加进去。

以社会利益为价值取向之一、体现着社会公平原则的规划立法精

① 许多法学者认为，社会利益保障作为一般的立法原则具有积极的意义。确立法的社会利益原则的优点在于：在国家权力与个人权利关系中找到一个新的、妥协的、中立的结合点。这既保证国家权力对市场经济的宏观调控，又保证了个人在市场竞争中的权利、自由和平等。他们认为，当代西方法的社会化是对个人利益与社会利益的关系的一种调整，更是对国家权力与个人权利关系的一种合理的调整。

② 这是亚里士多德（Aristotle）的思想。转引自田成有. 西方法的正义价值与中国法的秩序追求. 北大法律网.

神，首先内涵着个人权利被承认和被尊重的理念。市民拥有得到高质量生活和工作环境的自然权利，进而拥有参与影响自身环境变化的城市规划与决策的权利。如果市民个人的需要和权利得不到保障，那么城市规划中社会公共利益的实现就成了空中楼阁。城市规划立法强调社会利益的保障，只是对个人的利益需要加以适度引导，以适应社会持续发展的要求，而并不是意味着摈弃个人权利和个人利益。因此，城市规划法要确立社会利益保障的价值原则，必须首先完成对规划中市民各种合法权利的法律承认和界定。鉴于我国长期以来个人享有权利和个人追逐利益的思想受到轻视和压制的历史状况，以及当前社会对个人权利的理解和承认尚停留在物质利益的层面上，对于个人有权决定自身环境的状态、有权参与各项社会事务等权利还缺乏相应的制度保障。因此尊重个人存在的基本权利，尊重市民在城市规划中拥有的各项合法权利，并在立法中予以保障，不仅是城市规划法价值理念上——甚至可以说是整个社会意识领域 —— 一次深刻的思想改造。

以上研究阐述了规划法价值取向确立社会利益原则的原因、意义、所体现的公平价值以及涵括的个人权利保障，基本廓清了指向社会利益的规划法价值取向的内涵。

接下来，规划法必然面临着另一个关键问题——社会利益维护困难以及如何保障社会利益的真正实现。

从上文相关研究知道，城市规划中社会利益法律保障的难点关键在于其权利主体的缺位。社会利益的主体——公众或公共社会，实质上是一种抽象的主体，也就是一种虚位的主体。因此，社会利益的实现就不可能像其他利益那样依靠确定主体的追逐行为和活动，而是依靠政府代表城市的整体要求和全体市民的共同利益，制定法律和政策来维护社会公共利益。但是，在现实的城市开发建设中，任何一个确定主体对于利益的追求都是局部的、眼前的和具体的。市民个人、开发商是这样，就是以“代表最广大人民群众利益”而存在的政府，在城市建设发展的具体环境中也形成了追求“政绩”、追求“形象工程”等利益需要。当各方不同的利益需要形成角逐和竞争而公共利益面临被破坏的时候，在法律上哪个主体又可能站在社会公共利益这一方？综上所述，如果要将社会利益保障的立法原则转化为具体的法规条款内容和程序，并且在城市开发建设中切实得到保障和实现，公众利益必须寻找其依托和实现的物质载体——社区，而社区自治组织的成长及其法律权利的定位将是促使社会利益落实的一个方向。

社区不仅是一个城市规划概念，也是一个社会学范畴。社区既指一定的地域实体，也指以一定地理区域为基础的社会群体。这一地域群体通常具有共同的意识和共同的利益。基于一定的社区组织，社区居民能够参与社区各种活动和社会事务。那么，社区为什么能够附着社会公共利益，并有助于其实现呢？

首先，社区发展能够代表大多数市民对环境建设的共同要求，改善社区环境和增进社区福利能够代表城市规划中公众的主要需求和社会利益的基本内容[1]。在规划立法上，如果将抽象的公众需要和社会利益落在了社区，就转换成为具体的且可评价的社区发展。在我国社区工作实践中，社区发展是指社区居民在政府机构的指导和支持下，依靠本社区的组织力量，改善社区经济、社会和环境状况，解决社区共同问题（如就业、健康、幼儿园、安全和教育等），提高居民生活水平和促进社会协调发展的过程。其次，社区是城市规划的对象，能够成为规划满足居民需要和维护社会利益的物质中介。社区的外延大至一个城市，小到一个街坊，社区的环境构成了市民居住、工作、交往和休憩的环境空间，社区几乎涵盖了城市规划的主要物质对象。再次，也是最重要的一点在于，社区能够提供公众参与规划的组织基础和制度化途径。由居民构成的社区组织及其他社会团体是市场经济下的主要社会力量之一，居民通过社区组织由原先分散的个人而开始具备了一定的组织性，就更有力量与开发商所代表的利益集团进行谈判和讨价还价，以保护社区的公共利益不受损害。综上所述，依托社区，抽象的社会利益就能转化为具体的社区发展内容，社会利益被法律确认就转化成社区的具体权利，并且可以依靠确定的社区居民组织及社会团体来实施权利，保障社会利益的落实。

① 从市场经济国家及地区的实践经验看，社区发展（包括安全、方便、环境、参与等内容）构成了规划中公共利益的主要内容。如《香港城市规划条例》（1996）对于立法目的的表述为，就规划和管制土地的使用与发展，以及就有关事宜，订定条文，以期促进社区的卫生、安全、便利及一般福利和改善环境。

当然，社会利益的法律保障不仅仅是城市规划的问题，而且是一个普遍的社会问题，还涉及到其他的法律领域。本书将社会利益的主体落实到社区，是针对城市规划建设这一具体领域，在规划立法上提出的改革举措之一。其实，规划法的社会利益原则的真正实现还需要整个国家法制改革的支持，如建立公益诉讼制度等，限于本书研究的主题内容，这里不再展开论述①。

### 6.3.3 促使政府行为符合社会利益取向

从经济学的委托人——代理人理论上看，其核心问题是委托人如何使代理人的行为符合委托人的利益。因为，代理人往往是根据自身利益的最大化，而不是委托人利益最大化来进行选择和决定付出的努力水平。如果委托人能设计出一种“机制”，使代理人的利益与委托人的利益尽可能一致，从而使代理人的主观努力和行为比较符合委托人的利益，这就被称为“激励机制设计”②。经济学上的“激励机制设计”原理对控制城市规划中的政府行为方面有意义的启发和原则在于：在许多情况下，委托人的利益不仅仅取决于代理人的努力水平和行为，还受到其他外部不确定因素的影响（如店主的收益除了与店员的努力程度有关外，还与整个市场的不确定因素有关）。尽管如此，委托人的利益还是与代理人的行为呈现高度的正相关关系。基于此，设计有效的激励机制可以关注三条原则：其一，尽量改善委托人和代理人之间信息不对称的状况；其二，尽量减小和限制外部不确定因素的影响；其三，代理人要承担所有的不确定性的风险③。

在企业制度和经济关系中，委托人就是产权所有者，他可以依据具有法律效力的合同，主动制约代理人的利益倾向，制定激励机制以

---

① 对于影响到社会公共利益的建设行为或其他行为，虽然公民不是这一行为的直接利害相关人，无法依据我国行政诉讼法以自己的名义提起行政诉讼，但是可以向检察院举报，由检察院作为公诉人提起行政诉讼。这就是公益诉讼制度，在国外已经建立起来了。

② 伍柏麟，尹伯成. 经济学基础教程. 复旦大学出版社，2001. 155～161

③ 经济学上对这一机制的具体设计是以数学函数关系，通过详细分析委托人的纯利润和愿意付出的代价情况，代理人的努力程度、报酬和成本诸要素，以及它们之间的函数关系来进行的。实践证明，用纯数学思路分析社会因素并不完全适用，但这一机制设计的几条原则却对解决市民和政府的委托—代理人关系中的核心问题有借鉴意义。

促使代理人的利益与其自身的利益尽可能一致。在全体市民和地方政府所形成的委托人——代理人的关系中，尽管全体市民作为名义上城市资源的所有者而成为委托人，但是他们实际上并不拥有真正意义上的主动制衡权，没有“具有法律效力的合同”保障市民可以要求政府应该干什么、不应该干什么。但另一方面，地方政府所拥有的规划行政权力却具有单向、强制的属性，并且是一种法律确定的权力，如果没有有效的激励和监督，这种权力的行使就可能不仅不代表全体市民的利益，而且可能立足于地方政府自身局部的利益，甚至立足于权力行使者的利益。因此，在法律所调整的规划领域利益关系中，政府不应被放在决定谁的利益受到保护、谁的利益受到制约的“法官”的位置上，而是与其他主体一样具有自身的利益需要，并且其决策可能受到其他利益集团的影响而发生转向。

政府规划行政权力的行使需要进行有效的控制。

基于以上委托人——代理人关系中的激励机制设计原则，为了促使政府规划行为尽量与全体市民的需要和社会利益一致，在相应制度改革及立法保障上可以从三个方面入手：一是在规划法中确立市民、社区组织及社会团体参与城市规划的权利，包括知情权、发言权和保障合理建议被采纳的权利；二是在城市规划建设领域各类利益的相互关系中，能够影响、甚至改变政府规划决策的因素主要是开发商这一强势利益集团，规划法要对这一倾向进行适度制约；三是如果政府背离了全体市民的利益取向，就要为此承担所有后果和风险。

首先，如果要改善城市规划过程中市民和政府之间的信息不对称，加强公众参与规划的权利，理论上立法就应该秉持“公开”和“公平”的原则。公开原则就是要向市民提供更多的资料和规划信息，让他们发表意见和进行讨论，鼓励公众参与规划的工作；公平原则就是确保在法定的规划制度下，在城市公共资源的分配过程中市民有公平的参与机会，受规划和开发影响的市民能得到公平的对待。但是在具体的制度设计中，还要考虑市民如何参与才能更有效的问题。在城市规划的编制和实施过程中（规划编制分为总体规划和详细规划两个阶段，规划实施主要包含开发申请和许可），市民到底在哪些层次上参与以及如何参与才能更有效，则主要看一下规划过程的各个环节与市民的利益需要及社区的公共利益的相关度。

城市总体规划主要涉及城市战略发展的宏观问题，并且对它进行评价须具备一定的专业理论基础和丰富的实践经验，因此，市民在这一阶段的参与主要是获得相关的资料，对城市的发展方向有所了解。对社区居民组织及其他社会团体而言，由于在总体规划中要确定城市土地资源的开发、城市发展方向、重大公共设施的布局以及道路等市政基础设施的选线等可能影响到社区发展的问题，理论上它应该参与这一层次的规划①。在城市详细规划阶段，通过规划就确定了公共绿地的布置、建筑开发密度（直接与住宅的通风和采光质量有关）、公共设施的配套等等与市民利益需要密切相关的问题，因此市民应该充分参与这一阶段的规划，特别是控制性详细规划层次②。规划法应明确规范市民权利的范围、获得规划信息的渠道、讨论规划的时限、发表意见的渠道、意见被讨论及反馈的形式等操作性条款。在规划实施控制阶段，由于开发行为及开发商变更规划的行为会影响、甚至损害居民利益，在规划立法上应该规范开发申请的公布，以供市民或任何可能受到影响的第三方查阅及发表意见。

总之，基于改善市民和政府之间的规划信息不对称状况，应立足于保证市民参与到规划过程的各个环节中，在规划立法上则应注意市民参与规划的权利和相应程序的规范。这既是为了保障市民参与规划的制度化途径，又是为了在增进公平的同时，使规划不过度牺牲效率。主要办法就是在立法上规定这些程序的完成时限，以尽量减少延误。

其次，鉴于开发商赚取高额利润的利益需求和欲望是呈现强烈扩张的态势，并且会千方百计通过影响政府规划决策来扩大自身获益，

① 为什么说是理论上，是由于参与总体规划阶段的社区居民组织从严格意义上说应该是一种居民自治组织。所谓居民自治组织应是自愿组成的、相对独立于政府和政治团体的一种非赢利组织。这就涉及到我国基层社会组织的建设与改革等相关问题。因此，规划立法上尚须对社区居民组织的主体构成、权利范围、参与的形式、参与的程序等问题进行深入的研究。

② 在详细规划阶段的控制性详细规划和修建性详细规划两个层次中，控制性详细规划上承接总体规划和分区规划的重大原则，下指导修建性详细规划的具体设计，是面对城市开发政府进行管理的主要依据。相比较修建性详细规划，控制性详细规划更具有刚性，更具有法定的意义。

甚至不惜损害市民利益、社会利益及其他利益。因此，规划法在引导其效率发挥的同时，必须加强对开发商行为的制约，即开发商在自己的权利范围内，可以从事“合法经营、生产利润和照章纳税”活动，但不能侵入到公共利益领域。如何制约开发商行为使其不侵害社会公共利益以及不过分损害市民及其他主体的利益，规划法需要重新审视城市规划的开发控制制度，增加控制的公开度和透明度，增强控制的灵活性和刚性[①]。一句话“管好该管的、放开该放的”。那么什么该管，什么又该放呢？其实根本的原则就是开发商利益可能侵害社会公共利益范畴的开发行为必须纳入到规划刚性控制范围内，而开发商利益和其他利益的正常冲突和竞争则放在制度化的程序中去调整。具体来说，一方面在社会利益保障原则下城市规划社会利益的内容必须在规划立法中明确，并作强制性规定，开发商的活动以及其他主体的需要不能违反这些刚性内容。2002 年 8 月建设部颁布了《城市规划强制性内容暂行规定》，从规划编制一般内容中将有关社会公共利益的内容提取出来，并定义为城市规划编制必须执行的强制性内容，涉及这些内容的调整和审批要经过更严格的程序，而如果调整直接涉及到公众权益的，还要求进行公示[②]。这样就增加了开发商影响政府规划的难度。另一方面，鉴于开发商作为市场经济的主体之一，除了“合法经营、生产利润和照章纳税”外，对社会并不承担任何其他的法律义务，没有责任去顾及其他主体的利益。因此对开发商行为进行制约，就是要设计公开的法定程序，让其他利益主体参与进来，与开发商通过对话、竞争达成妥协或者相对一致。而且，通过规划法对开发商进行制约的手段要善用利益制约——没有开发商不关注自身的利益增

---

① 这里是指在开发控制图则内（即控制性详细规划）要清楚表明规划意向和技术规定，使土地拥有者、开发商和市民有明确的指引。但同时又须具有一定程度的灵活性，以应对不断变化的情况和新的需求。

② 根据《城市规划强制性内容暂行规定》相关条款，城市规划强制性内容是指在省域城镇体系规划、城市总体规划城市详细规划中，涉及区域协调发展、资源利用、环境保护、风景名胜资源管理、自然与文化遗产保护、公众利益和公共安全等方面的内容。具体如省域城镇体系规划中的省域内自然保护区控制、区域性重大基础设施（高速公路、铁路、港口、机场、区域性电厂和高压输电网等）的布局等内容，城市总体规划中的历史文化名城保护、城市基础设施和公共服务设施布局等内容，城市详细规划中的规划地段各个地块的绿地率、公共绿地面积规定、规划地段基础设施和公共服务设施配套建设的规定等内容。

损，如果按法律相关处罚规定，因损害其他利益而造成的利益损失大于它这一行为所带来的获利，那么开发商还有什么理由去那么干呢？

再次，如果政府背离了全体市民的利益取向，须承担后果和风险的问题，恐怕与政绩考核标准、官员升迁条件、重大责任领导负责制等政治、官僚机制的改革有关，这不是城市规划法自身所能承担的制约功能，也不是本书研究的主体内容，故此处不作进一步的讨论。

## 结 论

理论上，城市规划法的价值内涵既有效率，又有公平，表现在这两者之间的相互关系中。在原计划经济和受计划经济影响的时期，城市规划建设中利益关系相对单一，且无论是个人的需要、集体的利益，还是社会利益都统一在国家的需要下。因此，即使牺牲了效率水平，所谓的公平目标也没有像所预想的那样实现，规划法及其定位于“国家本位”的价值取向并没有遇到过多烦恼——因为它所面对的这个利益关系既单一，又高度的统一，根本无须进行价值判断和价值选择。

经过十几年的市场经济改革，城市开发中已经实行了住房商品化、土地有偿使用的招投标和拍卖制度、城建投资多元化等深度改革措施。当前对于城市规划法而言，许多问题就来了。分析其中的根本原因，主要是与原计划经济完全不同的城市资源的配置方式为新的利益主体的成长提供了广阔的空间，市民个人利益、开发商利益、地方政府的利益和社会利益开始成为稳定的利益形态，而国家利益已经不可能再代替它们，凌驾于它们之上。这些价值取向各不相同的利益主体，在城市规划和开发建设过程中演绎着日益激烈的竞争和冲突。这样一来，原来定位于“国家本位”的城市规划法在调整利益关系中不可避免地碰到很多困难，而对这些困难的梳理大都归结到规划法在公平和效率之间的价值选择与权衡这一法理基础。

毋庸置疑，推至整个社会经济领域，公平与效率之间都是一种微妙的、纠缠不清的、常常两难的关系。在规划法调控城市开发建设中，我们时常会陷入困惑：是“效率优先、兼顾公平”，抑或是“公平优先、兼顾效率”，还是采取一种更折衷的态度，“公平与效率兼顾”。总之常有鱼和熊掌不可兼得、又不可或缺的感叹，那么摆在我们面前的任务，就只能是权衡或它们之间的相互妥协。正如阿瑟·奥肯（Arthur M·Okun）所言，“如果平等与效率受到同等对待，分不出孰高孰低，在两者发生冲突时，就必须寻求调和。在有些时候，为了效率就要放弃一些平等；另一些时候，为了平等，必须牺牲一些效率。但无论哪一方作出牺牲，必得以另一方的增益为条件，或者是为了获得别的有价值的社会目的。”①

然而，权衡并不意味着只是在和稀泥。

在社会经济活动中，公平价值标准和效率价值标准各有适用的范围。“在生产领域里，应以效率为先，只有这样才能促进社会生产率的提高，增加社会财富；社会财富总量的增多，则又是达到较为平等的分配的前提。而在生产领域之外，也就是在再分配领域里，则应把平等原则贯彻进去，通过政府的功能去消除不均。”② 社会学家陆学艺也提出，从国际经验看，如果说与市场经济体制相适应的经济政策追求的是效率，那么各项社会政策，就应当以公平为目标，通过各种再分配手段，防止出现过于严重的两极分化，缓和各群体之间的矛盾。城市土地开发涉及到市民得到什么样的城市生活环境，开发商获得多大的利润，社区发展和社会利益能否得到保障。这时，政府的城市规划职能介入这个过程，目的就是调整城市公共资源使用中各主体之间的利益分配关系。因此，在以城市规划手段调整城市公共资源分配的过程中，应该贯彻进去公平的原则，相应的，在由效率和公平形成的规划法的价值天平上，公平价值应该得到重视和保障。

在城市规划法的价值调适中，社会利益保障原则是一个支点，是一个基础。

在此基础上，以下三项具体的改革措施将有助于社会利益的维护，也将有助于达到城市规划中相对的公平。其一，如果要将社会利

---

① 阿瑟·奥肯（Arthur M·Okun）．平等与效率——重大的权衡．王忠民，黄清译．四川人民出版社，1988．6～7

② 阿瑟·奥肯（Arthur M·Okun）．平等与效率——重大的权衡．王忠民，黄清译．四川人民出版社，1988．7

益保障的立法原则转化为具体的法规条款内容和程序，并且在城市开发建设中切实得到保障和实现，那么公众利益必须寻找其依托和实现的物质载体——社区，从而将抽象的社会利益转换成具体的社区发展及社区公共利益，而其中社区居民自治组织的成长及其规划参与权利的法律界定是一个关键问题，也是一个难点问题。其二，规划立法上要确立市民及社区自治组织参与规划整个过程的权利和程序，使得市民有更多的机会了解政府的规划行为指向，能够参与规划的决策过程，尽管他们可能还没有投票权或否决权。其三，限制开发商强势利益集团影响政府规划及相关政策。在城市规划建设中开发商的作用是必不可少的，但它必须被控制在恰当的范围内。换句话说，规划法必须保障开发商有足够的权利活动空间来完成它能做得好的事情。但是，开发商利益又必须被界定在必要的范围之内，以防它一有机会就会排挤掉市民利益、社会利益及其他利益需要。

很明显，以上这些办法应该能够在城市规划法的公平价值体现上取得一些进展。至于它们会不会解决根本问题，现在似乎还没有十分肯定的答案。因为我们清醒地认识到，城市规划中促进效率和实现公平之间的冲突是不可避免的，时时都在发生的。但如果在城市规划法的价值上调校它们之间砝码的位置，以社会利益原则为支点制约砝码过分倾向效率，那么在这种权衡中，城市规划就不是在维持一个矛盾重重的现状，而是可以得到长足的发展。

# 主要参考文献

## 一、书籍

1 Sir Desmond Heap, LL. M., HON. LL. D. An Outline of Planning Law. Sweet Maxwell Ltd, 1996

2 Victor Moore. A Practical Approach to Planning Law (the Sixth Edition). Blackstone Press, 1997

3 [美] 诺内特 (P. Nonet), 塞尔兹尼克 (P. Seiznick). 转变中的法律与社会：迈向回应型法 (Law and Society in Transition: Toward Responsive Law). 张志铭译. 中国政法大学出版社, 1994

4 彼得·斯坦 (Peter Stein), 约翰·香德 (John Shand). 西方社会法律价值 (Legal Values in Western Society). 王献平译. 中国人民公安大学出版社, 1990

5 庞德 (R. Pound). 通过法律的社会控制——法律的任务. 沈宗灵等译. 商务印书馆, 1984

6 阿瑟·奥肯 (Arthur M·Okun). 平等与效率——重大的权衡. 王忠民, 黄清译. 四川人民出版社, 1988

7 博登海默 (E. Bodenhcimer). 法理学：法律哲学与法律方法. 邓正来译. 中国政法大学出版社, 1998

8 H. L. A. Hart. The concept of law. Ford University press, 1961. 张文显, 郑成良, 杜景义, 宋金娜译. 法律的概念. 中国大百科全书出版社, 1996

9 [英] 麦考密克, [奥地利] 魏因贝格尔. 制度法论. 周叶谦译. 中国政法大学出版社, 1994

10 [美] 昂格尔. 现代社会中的法律. 吴玉章、周汉华译. 中国政法大学出版社, 1994

11 沈宗灵. 法理学. 高等教育出版社, 1994

12 沈宗灵. 现代西方法律哲学. 法律出版社, 1983

13 赵震江. 法律社会学. 北京大学出版社，1998
14 严存生. 法律的价值. 陕西人民出版社，1991
15 张晋藩. 中国法律的传统与近代转型. 法律出版社，1997
16 孙笑侠. 法的现象与观念. 群众出版社，1995
17 朱景文. 现代西方法社会学. 法律出版社，1994
18 万光侠. 效率与公平——法律价值的人学分析. 人民出版社，2000
19 李道军. 法的应然与实然. 山东人民出版社，2001
20 张文显. 二十世纪西方法哲学思潮研究. 法律出版社，1996
21 谢鹏程. 基本法律价值. 山东人民出版社，2000
22 中国大百科全书（法学卷）. 中国大百科全书出版社，1984
23 李国光主编. 城市规划行政诉讼：解析·判例·参考. 中国民主法制出版社，2000
24 深圳市规划国土局编. 房地产行政及民事案例评析. 2000
25 周旺生. 立法论. 北京大学出版社，1996
26 陈泉生. 行政法的基本问题. 中国社会科学出版社，2001
27 J. Friedmann. Planning in the public domain：From knowledge to ation. Princeton University Press，1987
28 Scott Campbell and Susan S. Fainstein. Readings in Planning Theory. Blackwell Publishers Inc.. 1996
29 Richard T. LeGates and Frederic Stout. The City Reader. Routledge，1996
30 Susan S. Fainstein and Scott Campbell. Readings in Urban Theory. Blackwell Publishers Inc，1996
31 P. Hall. Urban and Regional planning. Penguin Books，1975. 金经元译. 城市和区域规划. 中国建筑工业出版社，1985
32 杨裕富译著. 各国都市计划. 台湾明文书局，2000
33 周志龙. 英国政治经济发展与都市规划制度. 建都文化事业股份有限公司，1998
34 清华大学建筑与城市研究所编. 城市规划理论、方法、实践. 地震出版社，1992
35 中国大百科全书（建筑、园林、城市规划卷）. 中国大百科全书

出版社，1984
36 仇保兴. 追求繁荣与舒适——转型期间城市规划、建设与管理的若干策略. 中国建筑工业出版社，2002
37 中国城市规划学会主编. 五十年回眸——新中国的城市规划. 商务印书馆，1999
38 全国城市规划执业制度管理委员会. 城市规划原理. 中国建筑工业出版社，2000
39 耿毓修，黄均德主编. 城市规划行政与法制. 上海科学技术文献出版社，2002
40 陈友华，赵民主编. 城市规划概论. 上海科学技术文献出版社，2000
41 孙施文. 城市规划哲学. 中国建筑工业出版社，1997
42 赵民，鲍桂兰，侯丽. 土地使用制度改革与城乡发展. 同济大学出版社，1998
43 沈阳市建筑技术情报站. 日本城市规划手册，1980
44 蒋学模主编. 高级政治经济学——社会主义本体论. 复旦大学出版社，2001
45 伍柏麟，尹伯成. 经济学基础教程. 复旦大学出版社，2001
46 张国钧. 邓小平的利益观. 北京出版社，1998
47 中国大百科全书（社会学卷）. 中国大百科全书出版社，1984
48 Richard D. Bingham. Managing local government: Public administration in practice. Sage Publications, Ine, 1991; 九洲译. 美国地方政府的管理：实践中的公共行政. 北京大学出版社，1997
49 ［美］戴维·奥斯本（David Osborne）. 特德·盖布勒（Ted Gaebler）. 改革政府. 周敦仁，汤国维，寿进文，徐荻洲译. 上海译文出版社，1996
50 徐颂陶，徐理铭. 看得见的手——中国政府行为研究. 中国人事出版社，1996
51 曾昭宁. 公平与效率. 石油大学出版社，1994
52 张良，何云峰，郑卒. 公共管理导论. 上海三联书店，1997
53 马怀德. 行政许可. 中国政法大学出版社，1994
54 张其仔. 社会资本论——社会资本与经济增长. 见：胡绳主编.

中国社会科学院青年学者文库．社会科学文献出版社，1997
55 于海．西方社会思想史．复旦大学出版社，1997

## 二、论文

56 A Public Interest Criterion. JAPA. Vol. 46，No. 3，July 1980
57 Symposium：Law and Planning in the Environmental Decade. JAPA，Vol. 46，No. 2，April 1980
58 Can Community Development Re-Invent Itself：The Challenges of Strengthening Neighborhoods in the 21st Century. JAPA，Vol. 63，No. 4，Autumn 1997
59 Planning the Native American Tribal Community：Understanding the Basis of Power Controlling the Reservation Territory. JAPA，Vol. 64，No. 4，Autumn 1998
60 同济大学课题组．若干发达国家和地区规划法规体系的评述．1998
61 吴志强，唐子来．论城市规划法系在市场经济条件下的演进．城市规划，1998（3）
62 吴志强．城市规划核心法的国际比较研究．国外城市规划，2000（1）
63 赵民．澳大利亚的城市规划体系．城市规划，2000（6）
64 唐子来．英国的城市规划体系．城市规划，1999（8）
65 唐子来．英国城市规划核心法的历史演进过程．国外城市规划，2000（1）
66 吴唯佳．德国城市规划核心法的发展、框架与组织．国外城市规划，2000（1）
67 谭纵波．日本的城市规划法规体系．国外城市规划，2000（1）
68 孙施文．美国的城市规划体系．城市规划，1999（7）
69 陈宏军．悉尼中心建设策略——《悉尼中心建设与规划管理图则》简介．国外城市规划，2000（1）
70 唐子来．新加坡的城市规划体系．城市规划，2000（1）
71 孙晖，梁江．美国的城市规划法规体系．国外城市规划，2000（1）
72 赵民．城市规划行政与法制建设的若干探讨．城市规划，2000（7）

73 华允庆．违法规划管理行政案件证据的收集和运用．城市规划，2000（3）
74 张兵．渐进的规划制度改革面临的出路——关于制定《城乡规划法》的讨论．城市规划，2000（10）
75 梁江，孙晖．规划管理体制改革的关键：审批程序的法制化．城市规划，2000（7）
76 华堂．再论强化规划行政执法中的责令停止建设措施．城市规划，2000（10）
77 郑德高．城市规划运行过程中的控权论和程序主义．城市规划，2000（10）
78 亢雁直．规划管理中的相邻权问题漫议．城市规划，2001（6）
79 张松．《城市规划法》修订的理论问题探讨．城市规划，2000（3）
80 张萍．从国家本位到公众本位——建构我国城市规划法规的思想基础．城市规划汇刊，2000（4）
81 张萍，陈秉钊．城市规划法修订中的几个问题．城市规划汇刊，2000（5）
82 张萍．加强城市规划法规的程序性——对我国规划法规修订的思考．城市规划，2000（3）
83 沈陆澄．市一级城市规划地方立法框架探索．城市规划汇刊，2000（3）
84 张留昆．深圳市法定图则面临的困难及对策初探．城市规划，2000（8）
85 孙页声．深圳市法定图则的探索与实践．城市规划，1998（4）
86 林汗廷等．深圳城市规划图则体系改革探索．城市规划，1994（1）
87 张萍．我国地方城市规划法律制度的研究——以上海为例．硕士学位论文，1999
88 沈宗灵．法·正义·利益．中外法学，1993（5）
89 季卫东．法治中国的可能性．战略与管理，2001（5）
90 孙笑侠．论法律与社会利益——对市场经济中公平问题的另一种思考．中国法学，1995（4）
91 田成有．西方法的正义价值与中国法的秩序追求．北大法律信息

网，2003
92 石泰峰．市场经济与法律发展——一种法社会学思考．中外法学，1993（5）
93 张宛丽．中国社会阶层研究二十年．社会学研究，2000（1）

## 三、法律法规和文件

94 全国城市规划执业制度管理委员会．城市规划法规文件汇编．中国建筑工业出版社，2000
95 孙施文编．城市规划法规读本．同济大学出版社，1998
96 建筑法规全书（上下册）．地震出版社，1995
97 建设部城市规划司．城市规划法律法规选编，1992
98 建设部城市规划司．城市规划管理地方法规选编，1988
99 城乡建设环境保护部城市规划局．城市规划法规文件资料汇编，1986
100 中华人民共和国建设部体改法规司编．中华人民共和国建设法规汇编（1991—1992）．中国检察出版社，1992
101 中华人民共和国建设部体改法规司编．中华人民共和国建设部文件汇编（1988—1990）．改革出版社，1991
102 中华人民共和国建设部体改法规司编．中华人民共和国建设法规汇编（1949—1988）．中国工人出版社，1989
103 上海市城市规划管理局编．上海市城乡规划管理法规文件选编（1985—1992），1992
104 上海市城市规划管理局编．上海市城乡规划管理法规文件选编（1992—1998），1998
105 福建省城市规划信息中心编．城市规划师手册，1994
106 湖北省建设厅城市规划处，湖北省城市规划设计研究院编．城市规划政策法规汇编，1996
107 海口市城市规划局编．海口市城市规划管理手册，1995
108 台湾营建杂志社编印．都市计画及关系法规汇编．1980
109 香港规划署编．城市规划条例草案咨询文件．1996
110 山东省城市规划协会编．城市规划工作手册，1998

# 附录　现行主要的城市规划法律、行政法规和部门规章名录

法　　律　　　　附表1

| 名　　称 | 文　　号 | 颁布日期 | 时效性 |
|---|---|---|---|
| ⓘ中华人民共和国城市规划法 | 主席令　第23号 | 1989/12/26 | 有效 |
| 中华人民共和国土地管理法 | 主席令　第8号 | 1999/01/01 | 有效 |
| 中华人民共和国环境保护法 | 主席令　第22号 | 1989/12/26 | 有效 |
| 中华人民共和国文物保护法 | 主席令　第76号 | 2002/10/29 | 有效 |
| 中华人民共和国城市房地产管理法 | 主席令　第29号 | 1994/07/05 | 有效 |
| 中华人民共和国水法 | 主席令　第74号 | 2002/08/29 | 有效 |
| 中华人民共和国军事设施保护法 | 主席令　第25号 | 1990/02/23 | 有效 |
| 中华人民共和国人民防空法 | 主席令　第78号 | 1996/10/29 | 有效 |
| 中华人民共和国广告法 | 主席令　第34号 | 1994/10/27 | 有效 |
| 中华人民共和国建筑法 | 主席令　第91号 | 1997/11/01 | 有效 |
| 中华人民共和国森林法 | 主席令　第3号 | 1984/09/20 | 有效 |
| 中华人民共和国公路法 | 主席令　第86号 | 1997/07/03 | 有效 |
| 中华人民共和国水污染防治法 | 主席令　第66号 | 1996/05/15 | 有效 |
| 中华人民共和国大气污染防治法 | 主席令　第32号 | 2000/04/29 | 有效 |
| 中华人民共和国水土保持法 | 主席令　第49号 | 1991/06/29 | 有效 |
| 中华人民共和国行政诉讼法 | 主席令　第16号 | 1989/04/04 | 有效 |
| 中华人民共和国行政复议法 | 主席令　第16号 | 1999/04/29 | 有效 |
| 中华人民共和国行政处罚法 | 主席令　第63号 | 1996/03/17 | 有效 |
| 中华人民共和国国家赔偿法 | 主席令　第23号 | 1995/01/01 | 有效 |

注：标ⓘ的法律是城市规划的主干法，未标ⓘ的是城市规划的相关法。

资料来源：参考建设部网站、《城市规划法规文件汇编》（全国城市规划执业制度管理委员会，2000年）和《城市规划资料集　第一分册　总论》（中国建筑工业出版社，2003年）。

行 政 法 规　　　　附表 2

| 名　　称 | 国务院令 | 颁布日期 | 时效性 |
|---|---|---|---|
| 安全生产许可证条例 | 第 397 号 | 2004/01/13 | 有效 |
| 建设工程安全生产管理条例 | 第 393 号 | 2003/11/24 | 有效 |
| 物业管理条例 | 第 379 号 | 2003/06/08 | 有效 |
| 国务院关于修改《住房公积金管理条例》的决定 | 第 350 号 | 2002/03/24 | 有效 |
| 城市房屋拆迁管理条例 | 第 305 号 | 2001/06/13 | 有效 |
| 建设工程勘察设计管理条例 | 第 293 号 | 2000/09/25 | 有效 |
| 建设工程质量管理条例 | 第 279 号 | 2000/01/30 | 有效 |
| 住房公积金管理条例 | 第 262 号 | 1999/04/03 | 修改 |
| 城市房地产开发经营管理条例 | 第 248 号 | 1998/07/20 | 有效 |
| 城市道路管理条例 | 第 198 号 | 1996/06/04 | 有效 |
| 中华人民共和国注册建筑师条例 | 第 184 号 | 1995/09/23 | 有效 |
| 城市供水条例 | 第 158 号 | 1994/07/19 | 有效 |
| ⓘ村庄和集镇规划建设管理条例 | 第 116 号 | 1993/06/29 | 有效 |
| 城市市容和环境卫生管理条例 | 第 101 号 | 1992/06/28 | 有效 |
| 城市绿化条例 | 第 100 号 | 1992/06/22 | 有效 |
| ⃠城市房屋拆迁管理条例 | 第 78 号 | 1991/03/22 | 废止 |
| ⃠中外合作设计工程项目暂行规定 | 国务院批准 | 1986/05/26 | 废止 |
| ⓘ风景名胜区管理暂行条例 | 国务院发布 | 1985/06/07 | 有效 |
| ⃠关于外国人私有房屋管理的若干规定 | 国务院批准 | 1984/08/25 | 废止 |
| 城市私有房屋管理条例 | 国务院发布 | 1983/12/07 | 有效 |
| ⃠建筑安装工程承包合同条例 | 国务院发布 | 1983/08/08 | 废止 |
| ⃠建设工程勘察设计合同条例 | 国务院发布 | 1983/08/08 | 废止 |
| 城镇个人建造住宅管理办法 | 国务院批准 | 1983/06/04 | 有效 |

注：标ⓘ的法规是城市规划的配套法规，未标ⓘ的是城市规划的相关法规。

标⃠的是已废止的法规。

资料来源：参考建设部网站、《城市规划法规文件汇编》（全国城市规划执业制度管理委员会，2000 年）和《城市规划资料集　第一分册　总论》（中国建筑工业出版社，2003 年）。

**部门规章** **附表3**

| 名 称 | 建设部令 | 颁布日期 | 时效性 |
|---|---|---|---|
| 建设部关于纳入国务院决定的十五项行政许可的条件的规定 | 第135号 | 2004/10/15 | 有效 |
| 房屋建筑和市政基础设施工程施工图设计文件审查管理办法 | 第134号 | 2004/08/23 | 有效 |
| 建设部关于修改《城市动物园管理规定》的决定 | 第133号 | 2004/07/23 | 有效 |
| 建设部关于修改《城市供水水质管理规定》的决定 | 第132号 | 2004/07/23 | 有效 |
| 建设部关于修改《城市商品房预售管理办法》的决定 | 第131号 | 2004/07/20 | 有效 |
| 建设部关于修改《城市房屋白蚁防治管理规定》的决定 | 第130号 | 2004/07/20 | 有效 |
| 建设部关于修改《城市危险房屋管理规定》的决定 | 第129号 | 2004/07/20 | 有效 |
| 建筑施工企业安全生产许可证管理规定 | 第128号 | 2004/07/05 | 有效 |
| 建设部关于废止《城市房屋修缮管理规定》等部令的决定 | 第127号 | 2004/07/02 | 有效 |
| 市政公用事业特许经营管理办法 | 第126号 | 2004/03/19 | 有效 |
| 物业管理企业资质管理办法 | 第125号 | 2004/03/17 | 有效 |
| 房屋建筑和市政基础设施工程施工分包管理办法 | 第124号 | 2004/02/03 | 有效 |
| 《外商投资城市规划服务企业管理规定》的补充规定 | 第123号 | 2003/12/19 | 有效 |
| 《外商投资建设工程设计企业管理规定》的补充规定 | 第122号 | 2003/12/19 | 有效 |
| 《外商投资建筑业企业管理规定》的补充规定 | 第121号 | 2003/12/19 | 有效 |
| 城镇最低收入家庭廉租住房管理办法 | 第120号 | 2003/12/31 | 有效 |
| ⓘ城市紫线管理办法 | 第119号 | 2003/12/17 | 有效 |
| 城市桥梁检测和养护维修管理办法 | 第118号 | 2003/10/10 | 有效 |
| ⓘ城市抗震防灾规划管理规定 | 第117号 | 2003/09/19 | 有效 |
| ⓘ外商投资城市规划服务企业管理规定［English］ | 第116号 | 2003/02/13 | 有效 |
| 建设工程勘察质量管理办法 | 第115号 | 2002/12/04 | 有效 |
| 外商投资建设工程设计企业管理规定［ 中文 ］［English］ | 第114号 | 2002/09/27 | 有效 |
| 外商投资建筑业企业管理规定［ 中文 ］［English］ | 第113号 | 2002/09/27 | 有效 |
| ⓘ城市绿线管理办法 | 第112号 | 2002/09/13 | 有效 |
| 超限高层建筑工程抗震设防管理规定 | 第111号 | 2002/07/25 | 有效 |
| 住宅室内装饰装修管理办法 | 第110号 | 2002/03/05 | 有效 |
| 建设领域推广应用新技术管理规定 | 第109号 | 2001/11/29 | 有效 |
| ⓘ建设部关于修改《城市地下空间开发利用管理规定》的决定 | 第108号 | 2001/11/20 | 有效 |
| 建筑工程施工发包与承包计价管理办法 | 第107号 | 2001/11/05 | 有效 |
| 建设部关于废止《建设工程质量管理办法》等部令的决定 | 第106号 | 2001/10/26 | 有效 |
| 建设部关于修改《城市动物园管理规定》的决定 | 第105号 | 2001/09/07 | 重发 |
| 建设部关于修改《城市道路照明设施管理规定》的决定 | 第104号 | 2001/09/04 | 有效 |
| 建设部关于修改《城市房屋便器水箱应用监督管理办法》的决定 | 第103号 | 2001/09/04 | 有效 |
| 工程监理企业资质管理规定 | 第102号 | 2001/08/29 | 有效 |

续表

| 名　　称 | 建设部令 | 颁布日期 | 时效性 |
|---|---|---|---|
| 城市房地产权属档案管理办法 | 第 101 号 | 2001/08/29 | 有效 |
| 建设部关于修改《房地产估价师注册管理办法》的决定 | 第 100 号 | 2001/08/15 | 有效 |
| 建设部关于修改《城市房屋权属登记管理办法》的决定 | 第 99 号 | 2001/08/15 | 有效 |
| 建设部关于修改《城市房地产抵押管理办法》的决定 | 第 98 号 | 2001/08/15 | 有效 |
| 建设部关于修改《城市房地产中介服务管理规定》的决定 | 第 97 号 | 2001/08/15 | 有效 |
| 建设部关于修改《城市房地产转让管理规定》的决定 | 第 96 号 | 2001/08/15 | 有效 |
| 建设部关于修改《城市商品房预售管理办法》的决定 | 第 95 号 | 2001/08/15 | 重发 |
| 建设部关于修改《城市异产毗连房屋管理规定》的决定 | 第 94 号 | 2001/08/15 | 有效 |
| 建设工程勘察设计企业资质管理规定 | 第 93 号 | 2001/07/25 | 有效 |
| 建设部关于废止《国家优质工程奖评选与管理办法》等部令的决定 | 第 92 号 | 2001/07/01 | 有效 |
| 建设部关于修改《建筑工程施工许可管理办法》的决定 | 第 91 号 | 2001/07/04 | 有效 |
| 建设部关于修改《城市建设档案管理规定》的决定 | 第 90 号 | 2001/07/04 | 有效 |
| 房屋建筑和市政基础设施工程施工招标投标管理办法 | 第 89 号 | 2001/06/01 | 有效 |
| 商品房销售管理办法 | 第 88 号 | 2001/04/04 | 有效 |
| 建筑业企业资质管理规定 | 第 87 号 | 2001/04/06 | 有效 |
| 建设工程监理范围和规模标准规定 | 第 86 号 | 2001/01/17 | 有效 |
| 游乐园管理规定 | 第 85 号 | 2001/02/23 | 有效 |
| ⓘ城市规划编制单位资质管理规定 | 第 84 号 | 2001/01/23 | 有效 |
| 房产测绘管理办法 | 第 83 号 | 2000/12/28 | 有效 |
| 建筑工程设计招标投标管理办法 | 第 82 号 | 2000/10/18 | 有效 |
| 实施工程建设强制性标准监督规定 | 第 81 号 | 2000/08/25 | 有效 |
| 房屋建筑工程质量保修办法 | 第 80 号 | 2000/06/30 | 有效 |
| 工程建设项目招标代理机构资格认定办法 | 第 79 号 | 2000/06/30 | 有效 |
| 房屋建筑工程和市政基础设施工程竣工验收备案管理暂行办法 | 第 78 号 | 2000/04/04 | 有效 |
| 房地产开发企业资质管理规定 | 第 77 号 | 2000/03/29 | 有效 |
| 民用建筑节能管理规定 | 第 76 号 | 2000/02/18 | 有效 |
| 造价工程师注册管理办法 | 第 75 号 | 2000/01/21 | 有效 |
| 工程造价咨询单位管理办法 | 第 74 号 | 2000/01/25 | 有效 |
| 燃气燃烧器具安装维修管理规定 | 第 73 号 | 2000/01/21 | 有效 |
| 城市房屋白蚁防治管理规定 | 第 72 号 | 1999/10/25 | 重发 |
| 建筑工程施工许可管理办法 | 第 71 号 | 1999/10/15 | 重发 |
| ⃠城镇廉租住房管理办法 | 第 70 号 | 1999/04/22 | 废止 |
| 已购公有住房和经济适用住房上市出售管理暂行办法 | 第 69 号 | 1999/04/22 | 有效 |
| ⃠工程建设若干违法违纪行为处罚办法 | 第 68 号 | 1999/03/03 | 废止 |

续表

| 名　　称 | 建设部令 | 颁布日期 | 时效性 |
|---|---|---|---|
| 城市供水水质管理规定 | 第 67 号 | 1999/02/03 | 重发 |
| 建设行政处罚程序暂行规定 | 第 66 号 | 1999/02/03 | 有效 |
| 建设工程勘察设计市场管理规定 | 第 65 号 | 1999/01/21 | 有效 |
| 房地产估价师注册管理办法 | 第 64 号 | 1998/08/20 | 重发 |
| 城市出租汽车管理办法 | 第 63 号 | 1997/12/23 | 有效 |
| 城市燃气管理办法 | 第 62 号 | 1997/12/23 | 有效 |
| 城市建设档案管理规定 | 第 61 号 | 1997/12/23 | 重发 |
| ⃠建设工程勘察和设计单位资质管理规定 | 第 60 号 | 1997/12/23 | 废止 |
| ⃠超限高层建筑工程抗震设防管理暂行规定 | 第 59 号 | 1997/12/23 | 废止 |
| ⓘ城市地下空间开发利用管理规定 | 第 58 号 | 1997/10/27 | 重发 |
| 城市房屋权属登记管理办法 | 第 57 号 | 1997/10/27 | 重发 |
| 城市房地产抵押管理办法 | 第 56 号 | 1997/05/09 | 重发 |
| 建设部关于修改《城建监察规定》的决定 | 第 55 号 | 1996/09/22 | 有效 |
| ⃠村镇建筑工匠从业资格管理办法 | 第 54 号 | 1996/07/17 | 废止 |
| 生活饮用水卫生监督管理办法 | 第 53 号 | 1996/07/09 | 有效 |
| 中华人民共和国注册建筑师条例实施细则 | 第 52 号 | 1996/07/01 | 有效 |
| ⃠城市燃气和集中供热企业资质管理规定 | 第 51 号 | 1996/07/01 | 废止 |
| 城市房地产中介服务管理规定 | 第 50 号 | 1996/01/08 | 重发 |
| 城市居民住宅安全防范设施建设管理规定 | 第 49 号 | 1996/01/05 | 有效 |
| ⃠建筑业企业资质管理规定 | 第 48 号 | 1995/10/06 | 废止 |
| ⃠城市车辆清洗管理规定 | 第 47 号 | 1995/08/07 | 废止 |
| ⃠建筑装饰装修管理规定 | 第 46 号 | 1995/08/07 | 废止 |
| 城市房地产转让管理规定 | 第 45 号 | 1995/08/07 | 重发 |
| ⓘ建制镇规划建设管理办法 | 第 44 号 | 1995/06/29 | 有效 |
| ⓘ开发区规划管理办法 | 第 43 号 | 1995/06/01 | 有效 |
| 城市房屋租赁管理办法 | 第 42 号 | 1995/05/09 | 有效 |
| ⃠城市房地产开发经营管理暂行办法 | 第 41 号 | 1995/01/23 | 废止 |
| 城市商品房预售管理办法 | 第 40 号 | 1994/11/15 | 重发 |
| ⓘ风景名胜区管理处罚规定 | 第 39 号 | 1994/11/14 | 有效 |
| 建设工程抗御地震灾害管理规定 | 第 38 号 | 1994/11/10 | 有效 |
| 城市动物园管理规定 | 第 37 号 | 1994/08/16 | 重发 |
| ⓘ城镇体系规划编制审批办法 | 第 36 号 | 1994/08/15 | 有效 |
| 高等学校建筑类专业教育评估暂行规定 | 第 35 号 | 1994/04/05 | 有效 |
| ⃠城市公有房屋管理规定 | 第 34 号 | 1994/03/23 | 废止 |
| ⓘ城市新建住宅小区管理办法 | 第 33 号 | 1994/03/23 | 有效 |

续表

| 名　称 | 建设部令 | 颁布日期 | 时效性 |
|---|---|---|---|
| ⃠在中国境内承包工程的外国企业资质管理暂行办法 | 第32号 | 1994/03/22 | 废止 |
| 城市公共交通车船乘坐规则 | 第31号 | 1993/12/20 | 有效 |
| 城市地下水开发利用保护管理规定 | 第30号 | 1993/12/04 | 有效 |
| ⃠建设工程质量管理办法 | 第29号 | 1993/11/16 | 废止 |
| ⃠房地产开发企业资质管理规定 | 第28号 | 1993/11/16 | 废止 |
| 城市生活垃圾管理办法 | 第27号 | 1993/08/10 | 有效 |
| ⃠城市供水企业资质管理规定 | 第26号 | 1993/02/04 | 废止 |
| 工程建设行业标准管理办法 | 第25号 | 1992/12/30 | 有效 |
| 工程建设国家标准管理办法 | 第24号 | 1992/12/30 | 有效 |
| ⃠工程建设施工招标投标管理办法 | 第23号 | 1992/12/30 | 废止 |
| ⓘ城市国有土地使用权出让转让规划管理办法 | 第22号 | 1992/12/04 | 有效 |
| 城市道路照明设施管理规定 | 第21号 | 1992/11/30 | 重发 |
| ⓘ城建监察规定 | 第20号 | 1992/04/20 | 重发 |
| 公有住宅售后维修养护管理暂行办法 | 第19号 | 1992/06/15 | 有效 |
| 监理工程师资格考试和注册试行办法 | 第18号 | 1992/06/04 | 有效 |
| 城市房屋便器水箱应用监督管理办法 | 第17号 | 1992/04/17 | 重发 |
| ⃠工程建设监理单位资质管理试行办法 | 第16号 | 1992/01/08 | 废止 |
| 建设工程施工现场管理规定 | 第15号 | 1991/12/05 | 有效 |
| ⓘ城市规划编制办法 | 第14号 | 1991/09/03 | 有效 |
| 建筑安全生产监督管理规定 | 第13号 | 1991/07/09 | 有效 |
| 城市房屋拆迁单位管理规定 | 第12号 | 1991/07/08 | 有效 |
| ⃠城市房屋修缮管理规定 | 第11号 | 1991/07/08 | 废止 |
| 城市燃气安全管理规定 | 第10号 | 1991/03/30 | 有效 |
| 城市公厕管理办法 | 第9号 | 1990/12/31 | 有效 |
| ⃠城市客运车辆保养修理单位管理办法 | 第8号 | 1990/12/31 | 废止 |
| ⃠城市房屋产权产籍管理暂行办法 | 第7号 | 1990/12/31 | 废止 |
| ⃠国家优质工程奖评选与管理办法 | 第6号 | 1989/12/31 | 废止 |
| 城市异产毗连房屋管理规定 | 第5号 | 1989/11/21 | 重发 |
| 城市危险房屋管理规定 | 第4号 | 1989/11/21 | 重发 |
| 工程建设重大事故报告和调查程序规定 | 第3号 | 1989/09/30 | 有效 |
| ⃠施工企业资质管理规定 | 第2号 | 1989/06/28 | 废止 |
| 城市节约用水管理规定 | 第1号 | 1988/12/30 | 有效 |

注：标ⓘ的部门规章是城市规划的配套规章，未标ⓘ的是城市规划的相关规章。
标⃠的是已废止的部门规章。

资料来源：参考建设部网站、《城市规划法规文件汇编》（全国城市规划执业制度管理委员会，2000年）和《城市规划资料集 第一分册 总论》（中国建筑工业出版社，2003年）。

# 后　记

本书是在笔者博士论文的基础上完成的。

在硕士阶段，我研究了我国城市规划法的体系、结构、问题和特征，研究的对象是国家已经制定颁布的规划法律法规，即研究的主要是静态的法，是已成文的“游戏规则”。博士研究期间，我先后参加了国家自然科学基金课题《中国可持续发展人居环境的模式与评价体系研究》、上海市政府重大社会经济咨询项目《上海城市管理的规划目标和法规》。结合具体案例和这些课题的研究，对城市规划法问题的思考不断深入，而大量阅读的法理学著作文献极大拓展了我的理论视野。我强烈地意识到，成文的规划法只是规范城市规划建设的“游戏规则”，只是纸上的条文，而在这些静态的“规则”背后，时刻都演绎并展现着一个根本性的真实问题。这个问题不仅在规划法理论研究上是基础性的，而且在调整城市开发建设中也是非常突出的。这些思考促成了本人博士论文的研究主题——中国城市规划法的价值问题。

无论是城市规划，还是法学，都有作为一门经验科学的烙印。城市规划法的价值不能仅仅在理想的黑板上进行理论探讨，而是要拿到现实生活中，特别是拿到处于市场经济改革下的中国规划建设现实中去检验、解释和调适。本书关于规划法的价值研究就是在真实的世界里进行的动态研究。

论文被答辩委员会推荐为优秀博士论文。

论文写作过程中，我的导师陈秉钊教授对论文给予了仔细的审阅和修改，他的治学精神和研究方法对论文的顺利进行始终起着积极的、殷实的影响。复旦大学法学院的张乃根教授、同济大学文法学院的蒋晓伟教授从法学理论上给予论文修改许多指导和讲解。国内其他学者和专家在该领域的研究成果，诸如吴志强教授、唐子来教授、赵民教授、孙施文教授、张松教授、耿毓修教授级高工、陈友华教授级高工等的规划法研究论著，使我受益匪浅。

国外关于规划法的研究也给予本人潜移默化的启发。特别是2001年在同济大学召开的世界规划院校大会，我所在的“规划与法”研讨组国外其他发言人的报告，使得我对国外同行正在进行的相关研究有了直接的了解。

本书出版过程中，中国建筑工业出版社的同志给予了各方面的关怀和支持，陆新之编辑和其他编审同志就诸多文字技术上的错误和欠妥之处进行了更正，并就如何提高本书的理论和实践意义提出了许多建设性意见。

值此论文完成和本书即将出版之际，谨向所有给予我鼓励、支持、帮助的单位、专家和未提到名字的同事一并表示衷心的感谢。

张　萍

2005年1月于同济大学